汉语四字经

世界文史
World Culture and History

里 京 ◎ 著

暨南大学出版社
JINAN UNIVERSITY PRESS

中国 · 广州

图书在版编目（CIP）数据

世界文史/里京著. —广州：暨南大学出版社，2015.6
（汉语四字经丛书）
ISBN 978 - 7 - 5668 - 1321 - 3

Ⅰ.①世…　Ⅱ.①里…　Ⅲ.①世界史—文化史—青少年读物　Ⅳ.①K103 - 49

中国版本图书馆 CIP 数据核字（2015）第 015365 号

....

世界文史
著　　者：里　京

策划编辑：李　战
责任编辑：曹　军
责任校对：卢凯婷

地　　址：中国广州暨南大学
电　　话：总编室（8620）85221601
　　　　　营销部（8620）85225284　85228291　85228292（邮购）
传　　真：（8620）85221583（办公室）　85223774（营销部）
邮　　编：510630
网　　址：http：//www. jnupress. com　http：//press. jnu. edu. cn
排　　版：广州市天河星辰文化发展部照排中心
印　　刷：深圳市新联美术印刷有限公司
开　　本：787mm×1092mm　1/16
印　　张：13.5
字　　数：191 千
版　　次：2015 年 6 月第 1 版
印　　次：2015 年 6 月第 1 次
印　　数：1—3000 册
定　　价：58.00 元

前　言

启蒙思想家梁启超先生说："少年智则国智，少年强则国强。"中西文化先驱、明末大科学家徐光启说："欲求超胜，必先会通。"而今天，我们的教育仍无会通，无会通，则难思辨，则批判性和创造性思想薄弱。因此，我以十余年时间探究基础教育创新变革，发起中国基础通识教育实践，构建基础通识教育教学体系，创作《汉语·四字经》人文会通启蒙读本。

儿童教育也被称为启蒙，《易经》有："蒙以养正，圣功也。"几千年中华历史流传下来几百部优秀蒙学读物，这些读物为古代中国启蒙了众多贤哲，荫及代代华人思想。多数童蒙读本，如《三字经》、《千字文》、《声律启蒙》等，在编纂与教学上兼顾字形、音、义之优，是古典蒙学的上乘之作，而在文义上所表现的是不分学科的会通知识结构，这种蒙学形式该是当今中华启蒙读物最值得传承借鉴的。由于当前流传的古代童蒙读物多成书于宋至清中期，之后具有传统特色的童蒙书几无面世，因此目前流传的童蒙书文义内涵也仅限于中华文化范围。而随着人类社会快速发展，近两百余年人类信息量远超过去两千年的总和，传统蒙学对人类经典文史及现代科学人文思想的缺项已成蒙学不足。所以，创新传承中华蒙学，创作出既兼具传统蒙学韵律美特色，又适合当代中华少年儿童启蒙教育，是开发基础通识教育读本的主导思想。

认知心理学先驱、著名心理学家和教育家罗姆·布鲁纳，在《教育过程》中提出，儿童从出生开始就伴随着教育，任何学科都可用与儿童认知结构相适应的知识结构进行教育。我认为，信息时代，少年儿童的认知发展，除了强调对儿童进行体悟式训练外，通过合适的方式获得大容量的图景概念是一个越来越重要的过程。图景概念有别于死记硬背、精确定义的文字概念，而是要在儿童的头脑里尽可能产生和储存大量的有兴趣的、灵活的，哪怕是模糊的图景意识。儿童在头脑里储存的图景概念越多，越容易在现实生活中对触及到的相关信息引起注意，产生思维碰撞，激发更广泛兴趣和联想，提高自我加工和判断能力，如此逐步孕育出严谨、审慎的思辨能力和丰富的想象力。

教育学创立者夸美纽斯曾提出"泛智论"，主张建立一个包罗万象的知识体系。而先哲庄子却说："吾生也有涯，而学海无涯。"我们又说"信息爆炸"了。因此，当下要建立一个包罗万象的知识体系，其难度之大远非夸美纽斯时代可比。然而教学必是要抽丝于无绪中，即使抽出仅有的几百个知识元，只要是启蒙教育所必要的知识就会引爆智慧的链式反应。在本书创作构思中，关于"脑细胞各神经元依靠突触相互链接来传递脑电波的结构"也引起了我的关注，我把精选的每个知识元点看作一个脑神经元，把知识元的辐射看作神经元突触，辐射链接越多越长，那么这些知识元就会构成一个"聪慧"的知识网络，我称其为"神经网络知识结构"，这成为《汉语·四字经》知识架构的依据。

《汉语·四字经》按中华文史、世界文史和科学人文三个主线分册，构成当代基础通识教育核心内容。全书在中华和世界上下五千余年人类发展史中汲取历史、文学、哲学、艺术、科学、人文之精华，主干四字一句，双句成韵，为学习者提供一套易于上口、博导联想的，古今中西会通、文理科哲会通、思想大成的基础学习典籍。针对主干韵文，我在精确考据和把握当前科学人文前沿的基础上，对每句韵文都作了解释，以方便学生、教师、家长的理解，使读本更利于课堂教学和家庭教育。

《汉语·四字经》启蒙教育，不要强求死记，应以识字、诵读和兴趣探究为主，由诗韵入手以易于诵读，由图景意识入手以产生概念，为当代中华儿童开拓一条人文会通的精英思想启蒙之路。

这个世界真美好，因为有书可读，而书海无涯，关于书的选择则尤为重要。

愿中华民族的后代在书香中会通，实现超胜，此为《汉语·四字经》系列书作的目的。

里　京

总概

世界文史

总

概

001

tiān dì xuán huáng　　yǔ zhòu hóng huāng
天 地 玄 黄 ，　宇 宙 洪 荒 ，
pán gǔ kāi tiān　　qián kūn chū zhāng
盘 古 开 天 ，　乾 坤 初 张 。

《易·乾》卦中说："天玄而地黄。"先秦杂家著作《尸子》中说："四方上下曰宇，往古来今曰宙。"庄子首次在《齐物论》中将"宇宙"连用："旁日月，挟宇宙，为其吻合。"所以，宇指空间，宙指时间，宇宙指时空。传说在天地刚开始产生的时候，天是黑色的，地是黄色的。远古时代，茫茫宇宙，天地相连，混沌一片。

在混沌的天地中有一个生命吸天地之精华而渐渐强壮起来，这个生命叫做盘古。盘古孕育成人以后，睡了一万八千年，醒来睁开双眼，发现周围黑暗混沌一片，非常气愤，便抓起身边的斧子朝混沌的世界劈去。天地分开了，混沌中轻的一部分（阳）飘动起来，冉冉上升，变成了蓝天；而较重的一部分（阴）则渐渐沉降，变成了大地。为了使天地不再合在一起，盘古就手撑天，脚蹬地，他每天长高一丈，天地也每天离开一丈，天地被他撑开了九万里，他也长成了一个高九万里的巨人。盘古开天辟地后，本来混沌不清的乾坤就分明了。

qì jù sān cái　　　rì shēng wù zhǎng

气 聚 三 才 ， 日 升 物 长 ，

wǔ xíng wàn wù　　　liù hé sān guāng

五 行 万 物 ， 六 合 三 光 。

【注释】 聚：汇集到一起。
       长：生出。

　　有一种传说是，在乾坤初分后，混沌不清的形势被改变了。然而，各种形都是由气构成的，轻清的气，向上飘浮而成为天；重浊的气，向下凝沉而成为地；虚灵的气，在中间凝结为人。这由气凝聚而成的天、地、人一起被称为"三皇"，也被称为"三才"。

　　还有一种传说，由于时间很快流逝，支撑天地的盘古渐渐变老，快要耗尽心血了。这时盘古想：光有天地不行，还应在天地间造出日月山川、人类及万物。但他太累了，再不能亲手造这些了。于是，盘古把自己的身躯变成了四面高山支撑着天，左眼变成了太阳，右眼变成了月亮。而他嘴里呼出来的气变成了春风、云雾，声音变成了雷电，血液变成了滚滚江河，汗水变成了雨和露，汗毛变成了花草树木，他的精灵变成了动物。从此，太阳上升起来，万物也旺盛地成长起来，天地间有了世界。

　　五行是指金、木、水、火、土五种事物。传说这五种事物相生相克而生出万物。六合是指东、南、西、北和上、下。三光是指日、月和星辰。

003

wú zhōng shēng yǒu　　zài tǐ dà fāng
无中生有，载体大方，

tiān zhāng shǐ chéng　　xīn xīn wèi yāng
天章始成，新新未央。

载：开始；陈设。　　体：存在状态；形成，生长。
大方：规则。　　　　天章：日月星辰，天体。
央：终止，完结。

　　《老子》第四十章有"天下万物生于有，有生于无"之论。老子认为天下万物都生于具体事物，而具体事物都是由无产生的。这个"无"就是"道"，是宇宙万物的本原。现在，物理学家们也发现，我们这个宇宙就是由大约140亿年前的宇宙大爆炸从无中产生的，这与老子的学说非常相似。万物从无开始一产生出来，无论形态及大小有多么不同，就都各有各的位置，各自遵从各自的规则，即万物都有自己特定的生存规律和运行轨迹，毫无混乱现象。天上的日月星辰出现后便开始生生不息地运转起来，地球上春夏秋冬周而复始、永不停息地变化。正如唐朝文臣孔颖达所说："天之为道，生生相续，新新不停。"表明自宇宙形成以来，万事万物都处于变化之中，变化是永恒的。天地变化就是一个不断创造的过程，天地因创造带来新的变化而延续、而美丽。

004

yín hé nèi wài　　xīng yào lí máng
银 河 内 外 ，　星 曜 离 茫 ，
tài yáng yī xì　　bā xīng yī bàng
太 阳 一 系 ，　八 星 依 傍 。

曜：日、月、星的统称，日、月和水、
金、火、木、土五星合称"七曜"。

夜晚仰望群星闪烁的天空，我们会想象：这望不到边的宇宙是什么？它是如何产生的？其实，从古代到今天，人类一直都在探索这个问题的答案。

今天，大多数科学家认为，宇宙是在大约140亿年前一个原始的温度极高、密度极大的小小"火球"发生的一次大爆炸中产生的，随着爆炸后温度的降低，在最初3分钟内产生了现在物质世界的各种粒子：光子、电子、中微子、质子、中子等，约在10亿年时产生了无数个星系，并且宇宙形成后一直在不断地膨胀。银河系就是宇宙无数星系中的一个。

银河系是由一千多亿颗恒星组成的外形如铁饼的恒星团，它的半径约为4万光年（1光年是光一年走的路程）。太阳是银河系内千亿颗恒星之一，距银河系中心约2.6万光年。夜晚我们仰望茫茫天空，无数颗星星闪烁着光芒。而我们看见的银河，就是我们站在地球上，沿银河系直径向银河系边缘方向所看到的无数闪亮的恒星重叠而成的。

太阳系由八个围绕太阳运行的大行星组成，距太阳由近及远分别是水星、金星、地球、火星、木星、土星、天王星、海王星。火星和木星之间还有一大批小行星。太阳和围绕它转动的这些大小行星、卫星和彗星组成了一个非常和谐、美妙的天体系统，这就是太阳系。太阳的质量占太阳系总质量的99%以上。

浩瀚的宇宙给予人类无尽的遐想，至今人类所知道的还微乎其微，而人类也将不断探索下去。

dì qiú jiāo lì　　bì cǎi zhōu yáng
地球娇丽，碧彩洲洋，
shēng wù yào sù　　shuǐ qì yáng guāng
生物要素，水气阳光。

注释

娇丽：可爱而美丽。　碧：青绿色的玉或美石。
洲：一块大陆和岛屿的总称。　洋：比海更大的水域。
要素：必要因素。

　　地球表面大约十分之七被海洋水体覆盖着，而陆地只占地球表面的十分之三左右。地球上环绕在陆地周围的广大水面叫做海洋。"海"和"洋"是两个不完全相同的概念，"海"是"洋"的一部分，它分布在大洋的边缘，和陆地紧紧相连，面积和深度比大洋要小、浅得多。地球上的大洋是相互通连的，分为太平洋、大西洋、印度洋和北冰洋四个大洋。其中太平洋的面积最大，比地球上陆地面积的总和还要大。亚欧大陆虽然是一整块的陆地，却又分为亚洲和欧洲两个大洲。这样，世界上的大陆有六块，大洲却有七个，即亚洲、欧洲、北美洲、南美洲、大洋洲、南极洲、非洲。

　　因地球表面大部分被水覆盖着，并包裹着一层大气，因此在太空看阳光照射下的地球是个蓝色的球体。同时，由于地球上空时常飘浮着白色的云朵，而陆地表面有绿色的植被，这给蓝色的地球点缀了绿色和流动状的白色，使地球显得更加晶莹剔透，异常美丽。

　　太阳给地球提供温暖的阳光，地球表面有一层大气，江河湖海中有水。这样的阳光、大气和水成为生物产生和生长的重要条件。因此，在地球上才有动物、植物及微生物等生命体存在。

rì　yuè　yíng　zè　　　chén　xiù　liè　zhāng
日月盈昃，辰宿列张，

hán　lái　shǔ　wǎng　　　qiū　shōu　dōng　cáng
寒来暑往，秋收冬藏。

【注释】 盈：满，指月圆。 昃：太阳西斜。 辰宿：星辰和星座。
列张：出现，布满。

　　在地球上，我们看到太阳从东边升起来，在西边落下去，月亮圆了又缺，星辰布满天空。日月光华，旦复旦夕。一年之中，春夏秋冬四季循环，每年都有寒冬的降临和暑夏的结束。万物生于春，长于夏，秋天收获，冬天储藏。我们感受时空变化，这是地球围绕太阳公转和自转形成的自然现象，太阳又在银河系中运行，银河系在宇宙中运行，整个宇宙天体演变不停。人类只是宇宙中一颗星球上的一员，随着整个宇宙的不停运行而感受周而复始的变化。

　　昼夜变化是由地球自转引起的，地球自转一周就是一天。四季变化是地球围绕太阳公转引起的，由于地球自转轴与围绕太阳公转的轨道面不垂直（与公转轨道面法线有 $23°26'$ 的倾角），便产生一年四季的变化。地球围绕太阳转一周就是一年。

rùn yú chéng suì　　　lǜ lǚ tiáo yáng

闰　馀　成　岁　，　律　吕　调　阳　，

yún téng zhì yǔ　　　qì níng wéi shuāng

云　腾　致　雨　，　汽　凝　为　霜　。

【注释】

闰馀：农历纪年的时间与地球实际公转一周的时间的差值
　　　　叫闰馀，馀同"余"。
凝：凝华。

　　日历上一年的十二个月再加上闰馀，才是真正完整的一年时间。中国古人认为自然界中各种对立又相连的现象，如天地、日月、昼夜、寒暑、男女、上下等，都可以被概括为"阴"和"阳"两个对立的方面，并以阴阳变化反映现实的物质世界，即物质世界的运动是"阴阳"的。所以，在气候变化上如果阴阳之气调和了，阳气上升为云雨，阴气凝结成露霜，这样天时便具备了。传说古人用六律六吕来测量天气的变化。律吕始用于黄帝时期，黄帝命大臣将竹子截成筒，代表阴阳各六个。六个阳管为律，六个阴管为吕。这样人们可用律吕来调和阴阳之气，春夏得阳气，秋冬得阴气。

　　自然界中，云气在上升的过程中逐渐遇冷形成雨滴，夜间空气中的水汽遇冷就凝结成露水，所以夏天和秋天的早晨会看到草叶上有露水（水珠）。而到了深秋时节，水汽遇到更冷的天气便凝华成霜，所以深秋的早晨会看到地面或植物叶子上有白霜。这些都是自然界的普遍现象。

jīn shēng lì shuǐ yù chū kūn gāng
金 生 丽 水， 玉 出 昆 冈，
yuán hé xì bāo shǐ zì míng yáng
原 核 细 胞， 始 自 溟 洋。

【注释】 丽水：丽江，即金沙江。
昆冈：昆仑山。　　溟：海。

　　天时具备，地利兴起，地上便形成了俊美山川，生长出灵秀万物。传说黄金产于金沙江，美玉产于昆仑山。

　　生命的产生是个奇迹，也是个谜，至今人们都在探索生命是如何产生的。让那些无生命的原子、分子自己组成生命，有人认为这是不可能的事。但我们必须承认，无论可能或不可能，现在我们就在这里，我们自己就是一个活生生的生命体。目前，科学家们普遍认为水、空气和阳光是地球上产生生命的三个要素。最早的生物体是只有单细胞的"原核生物"，是在30多亿年前的原始海洋中孕育形成的。之后，它们又不可思议地组合成了像细菌的线粒体，线粒体支配着氧，食物营养被线粒体吃掉然后释放出食物中的能量，这种线粒体入侵到细胞中，使细胞发生了改变，出现了带核的细胞，由此产生了复杂生命的细胞——真核细胞。单细胞的真核细胞就是"原生生物"，它比原核生物大得多，能够多带1 000倍的DNA。据说从原核生物到原生生物就花去了20亿年左右的时间。从原生生物开始，又进行了不可思议的结合，形成复杂的多细胞生物，最后发展成了两种生物——排斥氧的生物（如植物）和接受氧的生物（如人等动物）。

hǎi xián hé dàn　　lín qián yǔ xiáng
海 咸 河 淡 ，　鳞 潜 羽 翔 ，
wù zhǒng lěi lěi　　shàn lín tóng xiāng
物 种 累 累 ，　善 邻 同 乡 。

18

海纳百川，大地与海相依，海水是咸的，河水是淡的。长有鳞片的鱼在海里自由自在地游着，长有羽毛的鸟在天空中快乐地飞翔。我们的地球资源种类繁多，生物丰富多彩。但相对于快速增长、越来越多的人类而言，地球资源总数在不断减少，尤其是生物种类减少得更快，这种情况已经威胁到人类自身的发展。所以，我们人类与地球上的其他物种共同拥有一个地球家园，大家应该是和善的邻居，是同乡，应该相互关爱，友好、和谐共处。

地球上共有 13 亿立方千米的水，有 97% 的水在海里，太平洋占了较大部分。淡水只有 3%，但其中大部分存在于冰川里，只有约 0.3% 的水存在于江河湖泊中，这部分存于江河湖泊中的淡水是目前可以提供给人类的淡水资源，还有更小一部分存在于云团空气中。而地球上约有 90% 的冰在南极洲，有 3 000 米厚。据说，如果南极的冰全部融化，海平面将升高 60 多米。

010

sān shí yì nián　　　shēng mìng mián cháng
三 十 亿 年， 生 命 绵 长，
gǔ wǎng jīn lái　　　lì jìn cāng sāng
古 往 今 来， 历 尽 沧 桑。

注释 沧桑：沧海桑田的简称，沧海指大海，桑田指农田。
沧海桑田，指世事变化巨大。

　　30 多亿年前在原始海洋中产生的原核生物，经过漫长的岁月，逐渐进化成今天的微生物、植物和动物，这期间经历了一次又一次奇迹般的重大突破。在 6 000 万到 3 000 万年前，进化产生了最早的类人猿。在 600 万到 300 万年前，进化产生了最早的原始人类。目前发现最早使用石器工具并能完全直立行走的人，是在东非 250 万到 170 万年前的能人。直到 25 万到 4 万年前，人类才进化到现代人（智人）。

　　人类经过不断演变，走到现代科技发达、分工明确的人类社会。但人类在大自然的选择中存在很多先天不足，最后才凭借发育出的特有大脑侥幸生存下来。人类的肉体在自然面前存在诸多尴尬，人的视觉不如鹰、猫锐利，也不能夜视，嗅觉不如狗、狼等，也不会飞翔，其奔跑能力只能与爬行动物为伍。如此低劣的体能，可以想象得出面对自然界弱肉强食的残酷竞争，人类的发展将是多么艰难！所以著名哲学家尼采说人是"大自然的弃儿"。然而，作为"弃儿"的人却有幸生存下来了，并越来越依赖科学技术而生存。

　　生命从几十亿年前到今天的演变，沧海变桑田，万物历尽沧桑。

011

<pre>
tiān   dào   rén   xìng   xué   sī   bù   wǎng
天   道   人   性   ，   学   思   不   罔   ，
pǐn   wù   liú   xíng   ruì   zhé chāo cháng
品   物   流   形   ，   睿   哲   超   常   。
</pre>

【注释】 天道：天地自然的规律。　罔：迷惑，糊涂而无所得。
品物：产生万物。　流形：赋予形态。　睿哲：睿智，通达事理。

　　人类利用自己发达的大脑，制造工具以弥补体能的不足，最终有幸生存下来，并逐渐成为地球的主宰者。今天的我们，应该珍惜自己特有的智力，感悟天地自然规律，精通人性，勤于学习和思考，使自己更加明智，并珍惜培育人类产生智力的自然。善用智力，善待自然。

　　天地万物在生生相续、新新不停的变化中产生出来，并被赋予各种形态。物集山川之精英，汇乾坤之瑞气，可以成为至宝奇珍。人类作为万物之灵而异于其他动物，在于人有思想、有智慧。思想使人从动物进化中脱颖而出。在人类文明产生以后，涌现出一大批出类拔萃的有思想、有智慧、集大成的哲人学者，他们的思想极大地推动和指导着人类文明的进步与发展，在人类科学、艺术、人文领域传播真、善、美。这些圣贤如颗颗巨星垂布天宇，烁烁闪亮，为人类自身发展启明导航。

zòng lùn qiān gǔ　　héng cǎi bā huāng
纵论千古，横采八荒，
sì zì jīng wén　　qǐ xián zhì shàng
四字经文，启贤至上。

【注释】采：选取，收集。　八荒：天下。
启：引导。　贤：有才能、有德行的学者。

　　精英人才，应该是饱学者和勇于实践者，既满腹经纶又可实操事业，既可指点江山又可激扬文字，并时时把握时代脉搏，感悟前沿领域中大师级人物的思想和行为，汇聚古今中外贤明者的智慧为我所用，在自我成长中化智慧为指导思想，培育出领袖型和创造型思维、气质和开拓能力，为天地人和谐出一分力。

　　《汉语·四字经》是一套贯通古今中西、文理科哲，培育精英思想的通识性经典，引论天人之道，上追人类与自然的千古历程，横括中外天下大事，汇聚大家人物思想与智慧，展示科技发明和创造的机缘、实践与成就。学习《汉语·四字经》可领悟圣贤思想，与圣人为伍，激发思辨和创造性思维，培养和提升科学、艺术与人文底蕴，厚实文学功底，使自己成为真正的通才硕学。

世界文史

dǒu zhuǎn xīng yí　　zhòu yè gēng tì
斗 转 星 移，　昼 夜 更 替，
fēng qǐ yún yǒng　　cāng máng dà dì
风 起 云 涌，　苍 茫 大 地。

[注释] 斗：泛指天上的星星。
苍茫：空阔辽远，没有边际。

　　宇宙中有无数个星系，每个星系中又有无数颗星球，每颗星球都在各自的轨道上不停地运转着，如此便有了日复一日的斗转星移。地球不停地绕日运行，其自身也在不停地转动着，于是便产生了春夏秋冬的变换和昼夜更替。在这样不停的星移斗转中，地球也从一颗死寂的星球演进成江河分流、风清云飘、草木茂盛、鱼潜羽翔的样貌，转过了40多亿个春夏秋冬。在这40多亿年中，地球表面无时无刻不在变换着，冰川几度交替，板块漂移，或寒流雪舞，或飞石走沙，或狂风骤雨，或风和日丽。各物种便在这不断变换中诞生了，而有的物种又在变换中消失。最后，迟迟到来的人类蹒跚着从蛮荒中走来，悠悠百万年，漫漫生存路，虽是地球生物圈的一分子，却靠着一个快速进化、思维丰富、敏捷的大脑，成为生态系统的控制者。但苍茫大地上天灾仍在，又时常患从人祸起，人类自身平平静静、快乐祥和的日子并不多。其间，慰藉人类心灵、给人类自身以长久快乐的，便是自然给人类的启示，以及人类自身对自然的悟性和对生命的关怀。

shān gāo shuǐ jù　　　dà lù piāo yí
山 高 水 聚 ，　大 陆 漂 移 ，
kǒng lóng miè jué　　rén lèi shǐ yù
恐 龙 灭 绝 ，　人 类 始 育 。

注释　高：此处为长高。
漂移：浮在液体表面移动。

一些地质学家认为，由于地球旋转运动，逐渐造成地壳的水平挤压，再加上地壳受力不均就造成了扭曲褶皱，或在断层间顶托岩块上升，这样就形成了山脉和高山。另外，在地球形成初期的几亿年里，到处岩浆喷发，地球一片火海。随同岩浆喷出的还有大量的水蒸气，这些气体上升到空中并将地球笼罩起来，最后形成雨，再降到地上，逐渐汇聚成最原始的海洋。也有人认为是冰彗星进入地球大气层，降雨到地上，汇成今天的海洋。

有一个叫魏格纳的科学家，看到世界地图上各洲的轮廓线略有吻合，于是产生了灵感，他研究后认为远古时代的地球只有一块"泛大陆"，被"泛大洋"包围，后来"泛大陆"开始破裂漂移，形成现在的七大洲和四大洋的基本地貌。

在大约2.4亿年前到约6 500万年前，地球上曾居住着一群奇特的生物——恐龙，它们是当时地球生态系统的支配者，称霸地球。个子大的恐龙有几十头大象加起来那么大，小的却和一只鸡差不多。最后，不知由于什么原因，恐龙神秘地灭绝了。恐龙灭绝后，地球上的接续支配者就是人类了。有科学家认为人是在大约400万年前从古猿进化而成的。在非洲，原本生活在森林中的南方古猿开始在草原上活动，一部分南方古猿用双足直立行走，并使用工具，逐渐演化为人类的祖先。

203

bīng hé xiāo róng　　lǜ cǎo qī qī
冰 河 消 融 ， 绿 草 萋 萋 ，
suí yù ér jū　　jiā yuán qiān xǐ
随 遇 而 居 ， 家 园 迁 徙 。

注释
萋萋：草长得茂盛的样子。
徙：迁移。

　　冰河时期又称冰川期、冰期，指大面积陆地被巨厚的冰层所覆盖的地质时期。冰川学家认为，迄今地球上曾发生过 3 次持续时间长达千万年甚至上亿年的大冰期：第一次是 5 亿至 6 亿年前的震旦纪冰期；第二次是 2.8 亿年前的石炭到二叠纪冰期；第三次是 3 700 万年以来的晚新生代冰期即第四纪冰期，一般认为目前地球正处于第四纪冰期的后期。人类正是在第四纪冰期期间出现，并经历了艰难迁移才幸存下来。冰期到来的时候，由于山脉的阻隔和地势的差异，并不是所有的大陆都被冰雪覆盖。而且，冰期期间可能还会出现多次气候相对温暖的间冰期。根据这些地理条件，人类可以通过向温暖的、水草茂盛的地方迁移来获得生存，这样人类就走向了全球各地。在迁移过程中，少数人找到了过冬的方法，在山洞里躲避严寒，用毛皮做成衣服保持体温，还学会了用火。在与饥饿和寒冷抗争的过程中，人类的大脑不断得到锻炼，智力也不断得到提升。
　　虽然这些说法只是科学家的推断，但客观事实是人类在气候恶劣的冰河期艰难而顽强地生存了下来，并一直走到今天。

204

mì shí wéi liè　　shí qì dǎ jī

觅食围猎，石器打击，

zuān mù qǔ huǒ　　shòu pí dāng yī

钻木取火，兽皮当衣。

【注释】 觅：寻找。
猎：捕捉禽兽。

在原始人类漫长的进化过程中，初期时人类同其他动物没有明显区别，都是靠采摘果实或抓取小动物作为食物维持生存。到了大约两三百万年前，人类偶然发现利用石头作为武器能更容易战胜其他动物，于是就把石头击打成石斧、石刀、石矛等，制造出"先进"的武器，从此人类进入旧石器时代。后来，人类又逐渐发展到可以把猎取的野兽的骨头磨成骨针，再用骨针把兽皮缝制成衣服。

原始人类的另一个伟大发明是生火。火是一种自然现象，如火山爆发引起的大火，雷电使树木燃烧等。这些野火在人类诞生以前就存在了。大约在100万年前，当人类偶然尝到被山火烧熟的野物时，觉得比生吃的野物美味多了，而且更好咀嚼。他们还逐渐发现可以用火来驱赶野兽或取暖。这些发现使人类开始自觉地使用并依赖火。开始时，人类主要是保存自然的火，后来在大约一两万年前才发明了钻木取火的方法。从此，原始人通过"刀耕火种"开始了定居生活，告别了"茹毛饮血"的时代。使用火是继石器制作之后人类所取得的又一个巨大突破。尤其重要的是，用火烤熟的食物不仅增强了人类抵抗疾病的能力，同时还进一步促进了人类大脑的发育。

ní luó píng yuán　　liǎng hé liú yù
尼 罗 平 原，　两 河 流 域，
xīn yuè wò tǔ　　shèng shū shǒu qǐ
新 月 沃 土，　圣 书 首 启。

【注释】 流域：河流的汇水区域。
沃：肥。 启：打开。

尼罗河是世界上最长的河流，这条长河的下游孕育了人类最古老、最强大的文明——古埃及文明。在公元前4500年左右，尼罗河下游形成了上埃及和下埃及两个王国，到公元前3100年，上、下埃及基本实现了统一。之后，一直到30年左右，古埃及文明都是历史上最辉煌的文明，那时雄伟的金字塔已经矗立在尼罗河两岸俯视整个世界。约公元前3000年古埃及人就有了文字，他们将文字雕刻在金字塔和神庙石壁上，或绘写在石器和陶器等器物上，并称之为"神文"，希腊人以及后来人则将其称为"圣书字"。

两河流域指当今伊拉克东南部的底格里斯河（Tigris）和幼发拉底河（Euphrates）流域，世界最早文明之一——美索不达米亚文明即发源于此，又称两河文明，依次包括苏美尔、阿卡德、古巴比伦、亚述、新巴比伦等文明。苏美尔文明位于美索不达米亚的南部，其开端可以追溯到公元前4000年左右。在公元前3200年左右，苏美尔人就创造出楔形文字，后来被闪米特人所征服。

新月沃土是指两河流域及附近一连串肥沃的土地，包括今天的以色列、巴勒斯坦、黎巴嫩、约旦部分地区、叙利亚，以及伊拉克大部和土耳其的东南部。由于其在地图上好像一弯新月，所以美国芝加哥大学的考古学家詹姆士·布雷斯特德就把这一大片肥美的土地称为"新月沃土"。

yìn dù hé pàn　huáng tǔ gāo dì
印度河畔，黄土高地，
sì dà wén míng　huī huáng zhuàng lì
四大文明，辉煌壮丽。

【注释】畔：河边。　文明：与野蛮相对，指社会发展到较高阶段。
辉煌：光辉灿烂。　壮丽：雄伟而美丽。

古印度不仅包括今天的印度，还包括巴基斯坦、孟加拉、不丹、尼泊尔等在内的整个南亚次大陆。恒河滋润了这一方土地，与印度河一起成为这个国度的"圣河"。在古印度，并没有任何一个国家以"印度"作为自己的国名，但波斯人和古希腊人称印度河以东地域为印度。印度河流域的城市文明始于公元前3000年，晚于尼罗河流域文明和两河流域文明，但早于黄河流域文明。

中国位于亚洲东部和太平洋的西岸。黄河、长江孕育了灿烂的中华文明。通常概括称中华民族为炎黄子孙，炎黄就是炎帝和黄帝，他们是起源于黄河流域支流陕西省中部渭河流域黄土高原上两个血缘关系相近的部落首领。后来这两个部落渐渐融合成华夏族。公元前2070年，夏朝建立，标志着中国文明社会的开始。

梁启超先生称古埃及、古巴比伦、古印度和中国是"四大文明古国"，虽未得到史学界的普遍认可，但不可否认的是，它们都是人类文明的摇篮。古巴比伦、古埃及、古印度都曾由于外族的入侵而失去独立，其古老的文明也因此而中断，唯有中国是世界上文明传承没有中断的国家。

shǒu jiàn guó jiā　　shàng xià āi jí
首 建 国 家 ，　上 下 埃 及 ，
sū měi ěr rén　　chéng bāng dìng jū
苏 美 尔 人 ，　城 邦 定 居 。

【注释】 首：第一位。
邦：国。

　　"国家"是人类进入文明时代才出现的。关于人类建立的第一个国家，存在着争议。有人认为是古埃及，有人认为是乌鲁克城邦。

　　约公元前4500—前3100年，尼罗河下游就建立了两个各自独立的政权，以孟斐斯为界，上游南方地区为上埃及，下游北方地区为下埃及，这是埃及前王朝时期。公元前3100年左右，一位来自上埃及名叫美尼斯的武士第一次把北至尼罗河三角洲的整个埃及都置于自己的统治之下，成为第一位法老，配双重王冠，象征上、下埃及统一。

　　两河流域中下游也被称作美索不达米亚平原（希腊语意为"两河之间的土地"）。早在公元前4000年左右，苏美尔人就已成为两河流域下游的主体居民，他们逐渐建立了众多奴隶制城邦，其中最主要的是乌鲁克城邦。乌鲁克在经济、文化、政治等方面都具备文明的要素，被认为是人类建立的第一个国家。从公元前2900年开始，苏美尔各城邦进入了一个"诸国争霸"的时代，城邦间战争不断。在公元前2100年左右，苏美尔领袖乌尔纳姆在乌尔建都，并逐渐统一了美索不达米亚，建立了苏美尔人的最后一个王朝——乌尔第三王朝。大约在公元前2000年，乌尔第三王朝被闪米特人建立的古巴比伦所代替。从此，苏美尔人便消失在历史的长河里。

208

bā lè sī tǎn　　jiā nán měi dì
巴勒斯坦，迦南美地，
xī bó lái rén　　yuè hé xī qù
希伯来人，越河西去。

【注释】

巴勒斯坦：中东的一个地区，位于地中海东岸。

越：跨过，渡过。

迦南是古代的地名，位于亚洲西部地中海沿岸，大致在今天以巴勒斯坦为中心的以色列、黎巴嫩、叙利亚一带。

据《旧约》记载，大约在公元前3000年，在美索不达米亚南部（伊拉克）的吾珥城，住着一个闪族部落。约公元前1950年吾珥城被外敌毁灭，闪族的首领亚伯拉罕带领部落成员向西渡过幼发拉底河，来到上帝应允给他们的"迦南美地"（巴勒斯坦）。当地原住民称他们是从东边来的"希伯来"，迦南语意为"越河者"。"越河者"原来是对这批渡河而来的人的称呼，后来演变成这个民族的名称，即希伯来人。

据说亚伯拉罕有一个孙子叫雅各，他在异乡兴旺发达后，率妻儿返回故乡，途中忽然遇到一个神的使者，并与之摔跤，雅各获胜。神的使者便向雅各祝福说："你的名字不要再叫雅各，要叫以色列（即'神的勇士'），因为你与神角力得胜了。"从此，雅各的12个儿子以及他们的后代就被称为"以色列人"。公元前1600年，迦南发生一次特大饥荒，希伯来人被迫离开迦南，辗转到了埃及定居。

táo chū āi jí　　lǐng xiù mó xī
逃出埃及，领袖摩西，
sǎo luó jiàn guó　　dà wèi tǒng yī
扫罗建国，大卫统一。

【注释】 领袖：国家或团体领导人。

　　摩西（活动时期约公元前 13 世纪）、扫罗（前 1021—前 1000 年在位）和大卫（约前 1000—前 962 年在位）是《旧约》中的三个重要人物，他们共同创造出犹太民族由一个黑暗时代进入一个黄金时代的历史。

　　希伯来人居住在埃及大约 300 年，到后期，埃及法老将希伯来人当作奴隶来奴役。传说一个叫做摩西的希伯来年轻人，受到耶和华的召唤，受命将希伯来人带出埃及。希伯来人在摩西的劝说下相信耶和华是亚伯拉罕、以撒和雅各的神，以色列的神也就成了他们全民族崇奉的神，从此所有希伯来人都成了以色列人。摩西遵从上帝的召唤，历经磨难，终于带领以色列人出了埃及，回到了迦南。在路上，摩西得到了上帝所颁布的《十诫》，即《摩西十诫》，使犹太人成为世界上各民族中第一个只崇拜一个神的民族。

　　逃出埃及后，犹太人最初在巴勒斯坦分散居住，并与迦南人争夺土地。公元前 1021 年，扫罗和大卫联合希伯来各部落，抗击迦南南部海岸的腓利斯丁人，建立古以色列国，扫罗成为第一位国王。扫罗死后，勇敢的大卫成为古以色列国的第二位国王。他从耶布斯人手中夺得耶路撒冷，随后把盛放犹太教圣经的约柜运到那里，并宣布犹太教为国教，耶和华神是以色列人唯一的上帝。从那时起，耶路撒冷就成了犹太民族的精神中心。大卫王还使以色列王国的版图得到空前扩展，非常受以色列人爱戴。

210

gǔ bā bǐ lún　　hàn mó lā bǐ
古 巴 比 伦 ， 汉 谟 拉 比 ，
yà shù tiě qì　　suǒ xiàng pī mǐ
亚 述 铁 器 ， 所 向 披 靡 。

46

【注释】 披靡：草木随风倾倒，亦指军队溃散。

公元前2300年左右，来自北方闪米特族的阿卡德人征服苏美尔人，定都阿卡德，即后来的巴比伦城。之后古提人灭阿卡德。苏美尔人复兴建立乌尔第三王朝控制美索不达米亚，后又被埃兰人所灭。

约公元前2200年，闪米特人的又一支沙漠部落——阿摩利人占领了幼发拉底河边一个不知名的小城市，并建立了国家。公元前1894年左右，阿摩利人建立起一个强大的中央集权制国家，建都巴比伦，史称古巴比伦王国，阿摩利人从此被称为巴比伦人。古巴比伦第六代国王汉谟拉比统一了美索不达米亚，他所颁布的著名的《汉谟拉比法典》是迄今发现的最早的法典。汉谟拉比死后，古巴比伦逐渐衰落。公元前1595年，赫梯人从北方发动了闪电般的进攻，一举捣毁了古巴比伦帝国的都城，灭亡了古巴比伦。

公元前3000年左右，美索不达米亚平原北部的亚述建立了以亚述城为中心的国家。公元前1000年左右，铁器经由赫梯人传到了亚述，亚述进入铁器时代，铁器促进了经济发展，也为军队提供了更为锐利的武器。从公元前1000年到公元前800年左右，亚述经过200年连续不断的征战，建立起一个覆盖美索不达米亚、横跨西亚北非的大帝国。公元前612年，迦勒底人与伊朗高原的米底人联合攻陷了亚述首都尼尼微，亚述最后一代国王和他的宫殿一起被烧成灰烬。从此，这个庞大帝国连同它的首都便从地面上消失了。

kè lǐ tè dǎo　　yòu mài xī ní
克里特岛，又迈锡尼，
ài qín wén míng　　duō lì yà qì
爱琴文明，多利亚弃。

【注释】 文明：指所创造的财富及精神的状态。

　　作为欧洲最早出现的文明，爱琴文明是希腊文明的源头，也是欧洲文明乃至整个西方文明的源头。爱琴文明主要指公元前3000年—前1000年存在于地中海东部的爱琴海岛、希腊半岛及小亚细亚西部的欧洲青铜时代的文明。它因围绕爱琴海域而得名，主要包括前后相继的克里特文明和迈锡尼文明两大阶段。

　　克里特文明又称米诺斯文明，大约开始于公元前3000年，于公元前1700年至公元前1500年期间达到鼎盛，具有线性文字A（至今未被解读）、形象而生动的壁画、精美的黄金饰品、陶器、石雕、印章等，尤其是其迷宫般的克诺索斯王宫，占地达25 000平方米，地位相当于英国的白金汉宫。后来由于遭到不明原因的毁灭性破坏，克里特文明逐渐衰落。之后，来自希腊大陆的迈锡尼人乘机入侵克里特，成为该岛和爱琴海地区的主宰者。

　　迈锡尼文明于公元前1400年左右发展到巅峰。迈锡尼人骁勇好战，因此其城市建有坚固的城墙和宏伟壮观的"狮门"——以双狮浮雕得名。公元前1200年以后，迈锡尼文明渐呈衰败之势，其原因可能是荷马所描述的那场企图征服特洛伊人的战争。迈锡尼人虽然在十年之后摧毁了特洛伊城，但却为战争所累，国力下降，来自北方拥有铁器的野蛮民族——多利亚人乘虚而入，摧毁了迈锡尼文明，成为该地区新的主宰者，并将爱琴文明时期的文字全部销毁，希腊历史回到黑暗时代。

荷马唱诗，琴歌史继，
hé mǎ chàng shī　qín gē shǐ jì

文学开源，艺术瑰丽。
wén xué kāi yuán　yì shù guī lì

【注释】 瑰丽：形容文辞奇丽。

约公元前 12 世纪，生活于希腊西北部的多利亚人向南迁徙，早先进入奴隶制国家的迈锡尼、派罗斯等国完全被吞没。当时，多利亚人过着氏族部落生活，文明程度很低，自己没有文字，又摧毁了古希腊文字，使古希腊回到了没有文字记载的时代，摧毁了爱琴文明。所以，有人把这个时期称为"黑暗时代"，为公元前 1200 年至公元前 800 年。

据说，黑暗时代的历史最终是由古希腊的行吟诗人荷马（Homer）传承下来的。荷马大约生活在公元前 9 世纪到公元前 8 世纪，是一个双目失明、到处行吟的歌者。他根据有关历史传说编辑成吟唱的诗句，用一种七弦竖琴伴奏，到处吟唱卖艺。荷马死后，这些伟大的诗篇代代流传下来，于公元前 6 世纪中叶被书写成册，这就是《荷马史诗》。《荷马史诗》包括《伊利亚特》和《奥德赛》两部分。《伊利亚特》讲的是公元前 12 世纪（相当于我国的商朝）希腊攻打特洛伊的战争，《奥德赛》着重描写希腊将领奥德修斯在特洛伊战争之后回国途中的传说。

《荷马史诗》是古希腊最伟大的作品之一，也是西方文学中最伟大的作品之一，开创了西方文学的先河。因此，《荷马史诗》被称为"希腊的圣经"。荷马本人也与维吉尔、但丁、弥尔顿一起并称为"欧洲四大史诗诗人"。

<ruby>奥<rt>ào</rt></ruby> <ruby>林<rt>lín</rt></ruby> <ruby>匹<rt>pǐ</rt></ruby> <ruby>亚<rt>yà</rt></ruby>， <ruby>和<rt>hé</rt></ruby> <ruby>平<rt>píng</rt></ruby> <ruby>竞<rt>jìng</rt></ruby> <ruby>技<rt>jì</rt></ruby>，
<ruby>梭<rt>suō</rt></ruby> <ruby>伦<rt>lún</rt></ruby> <ruby>改<rt>gǎi</rt></ruby> <ruby>革<rt>gé</rt></ruby>， <ruby>民<rt>mín</rt></ruby> <ruby>主<rt>zhǔ</rt></ruby> <ruby>启<rt>qǐ</rt></ruby> <ruby>迪<rt>dí</rt></ruby>。

【注释】 启迪：开导，启发。

奥林匹克运动会（Olympic Games，简称"奥运会"）起源于公元前776年的古希腊，因举办地点在奥林匹亚而得名。

公元前9世纪末，伊菲图斯成为古希腊一个边陲城邦——伊利斯城邦的国王，他积极推动在奥林匹亚出现的宗教与体育竞技相结合的祭典活动。公元前884年，伊菲图斯与斯巴达和皮沙城邦订立竞技期间各方停战的协议——"神圣休战月"条约。公元前776年，伊菲图斯宣告经征求神谕，决定在奥林匹亚举行体育比赛，第一届古代奥运会就这样举行了，并决定每四年举行一次。公元393年，罗马皇帝狄奥多西一世宣布古奥运会是异教徒活动，停止举办。1892年，法国教育家皮尔·德·顾拜旦第一次提出恢复古奥运会。1896年4月6日，第一届现代奥林匹克运动会在希腊雅典开幕。

梭伦（约前630—约前560），古雅典著名的政治家、改革家。他出身于没落贵族家庭，早期游历经商，对下层平民的疾苦非常了解。公元前600年左右，年约30岁的梭伦被任命为雅典指挥官，他统率部队，一举夺回了之前被邻邦墨加拉占领的本属于雅典的萨拉米斯岛。公元前594年，梭伦被选为首席执政官，他以立法者的身份实施了一系列改革，如保障平民权利，废除世袭贵族的垄断权利，实施公民选举，公民抽签入陪审团以保证司法公正等，史称"梭伦改革"。"梭伦改革"为雅典政治制度的民主化开辟了道路，是雅典城邦发展过程中的里程碑。

214

xīn bā bǐ lún　　jiā lè dǐ lì
新 巴 比 伦， 迦 勒 底 立，
miè wáng yà shù　　yóu tài zāo xí
灭 亡 亚 述， 犹 太 遭 袭。

【注释】 袭：进攻并占领。

　　公元前2000年左右，迦勒底人开始侵入两河流域。公元前732年，巴比伦发生王位争夺，迦勒底人的一个领袖成了巴比伦王。亚述国王梯格拉特帕拉沙尔三世借机进行干涉，吞并了巴比伦尼亚，古巴比伦灭亡，迦勒底人从此处于亚述的统治之下。公元前626年，被亚述人任命为巴比伦尼亚总督的迦勒底人领袖那波帕拉沙尔起义反抗亚述，取得了成功，建立了新巴比伦王国。随后，新巴比伦王国同伊朗高原的米底王国联合反对亚述。公元前612年，联军攻陷了亚述首都尼尼微，亚述帝国灭亡。米底王国占有了亚述本土和哈兰地区，新巴比伦王国占有叙利亚和巴勒斯坦等地。之后，新巴比伦恢复了古巴比伦的繁荣，巴比伦城再度成为西亚的商业中心。在尼布甲尼撒二世在位时期，新巴比伦进入了最强盛的时代。公元前586年，尼布甲尼撒二世攻陷了犹太人居住的耶路撒冷，并把犹太人作为俘虏押解到巴比伦城囚禁起来。公元前539年，新巴比伦被居鲁士大帝统治的波斯帝国所灭。

215

yē lù sā lěng　　bā bǐ lún yù
耶 路 撒 冷 ， 巴 比 伦 狱 ，
kōng zhōng huā yuán　　hòu shì tàn qí
空 中 花 园 ， 后 世 叹 奇 。

[注释] 耶路撒冷：巴勒斯坦中部城市，被誉为犹太教、基督教、
伊斯兰教三大宗教的圣城。

　　在击败亚述帝国的战争中，迦勒底人建立了新巴比伦王国（前626—前539），将两河流域置于自己的统治之下。新巴比伦王国在尼布甲尼撒二世（约前630—前561）统治时期达到了鼎盛。当新巴比伦与埃及争夺叙利亚、巴勒斯坦等地的时候，犹太人中的两个支派所建立的犹大王国两次倒向了埃及，这使尼布甲尼撒二世非常愤怒。公元前586年，尼布甲尼撒二世在围困耶路撒冷18个月后攻陷了这座城市，他下令把犹太人中所有的贵族、祭司、商贾、工匠一律作为俘虏押解到巴比伦城，史称"巴比伦囚"。对犹太人来说，沦为"巴比伦囚"是一次惨痛的经历，这段经历被保存在《旧约》中，尼布甲尼撒二世被说成是上帝惩罚犹太人罪恶的工具。尼布甲尼撒二世在城市建设方面颇有成就，修建了雄伟壮观的巴比伦城和被称为"世界七大奇迹"之一的"空中花园"。"空中花园"共7层，高25米，基层由石块铺成，每层用石柱支撑。花园每边长120米左右，呈正方形，园内满是奇花异草，并用螺旋泵不断地从幼发拉底河里取水灌溉。由于花园比宫墙还要高，远看起来就像位于天空中一样，因此被称为"空中花园"。

居鲁大流，驰骋东西，
jū lǔ dà liú　　chí chěng dōng xī

波斯帝国，三洲一体。
bō sī dì guó　　sān zhōu yī tǐ

居鲁士大帝（约前585—前529），又称"居鲁士二世"，居鲁士一世之孙，通过推翻其外祖父米底国王的统治而掌权。他是古代波斯帝国的缔造者。

公元前612年，强大起来的米底王国伙同新巴比伦王国一起灭掉了亚述帝国，并把波斯作为它的附庸国。传说有一天，米底国王做了一个梦，梦见他已嫁给波斯首领的女儿将生出一个夺取自己王位的亚洲霸主。不久，他的女儿果真生出一个男婴，这就是居鲁士。米底国王命令手下将居鲁士处死，但居鲁士却被一对牧人夫妇救出并抚养成人，直至回到波斯继承帝王之位。公元前550年，居鲁士率领波斯打败了米底；前549年，征服了埃兰；前539年，击败新巴比伦王国，次年占领了巴比伦城。就这样，居鲁士建起了一个西起地中海、东至药杀水的强大波斯帝国。公元前529年，居鲁士在率军远征中亚的游牧部落时战败而死，其子冈比西斯二世继任王位。公元前525年，冈比西斯征服埃及。至此，波斯帝国横跨西亚北非。

公元前522年，波斯帝国发生叛乱，冈比西斯二世急忙率军回国，却死在途中。王族将领大流士一世继续率兵回国，并成功平定叛乱，最后获得王位。大流士继位之后，用了一年的时间，先后进行了18次战役，平定了各地的叛乱。之后，大流士两度远征希腊失败。公元前330年，波斯帝国被亚历山大率领的马其顿军队所灭。

217

xī bō zhàn zhēng　　mǎ lā sōng yì
希 波 战 争 ， 马 拉 松 役 ，
sà lā mǐ sī　　xī là shèng lì
萨 拉 米 斯 ， 希 腊 胜 利 。

【注释】 役：事件；战争。

　　希波战争是古波斯帝国为了扩张版图而入侵希腊的战争，前后持续了近半个世纪，最终以希腊胜利而告终。希腊在希波战争中的胜利取决于两次决定性的战役——马拉松战役和萨拉米斯海战。

　　公元前500年，被波斯占领的希腊城邦米利都爆发反波斯起义，雅典等城邦出兵相助。波斯帝国于公元前494年派兵将起义镇压下去，并摧毁了米利都城，后又以雅典等城邦曾援助米利都为由，于公元前492年夏和公元前490年春两次对希腊发动战争。在第二次希波战争中，波斯人在距雅典东北30多公里的马拉松登陆。面对强敌，雅典军队经过顽强的抵抗，最终取得了胜利。在这次战役中，希腊军歼敌6 400，还缴获了一批舰船，而自身的损失不足200人。马拉松战役因此成为古代战争史上以少胜多的战役之一。雅典人获胜后，立即派腓力庇得从马拉松跑回雅典报信。腓力庇得跑了40多公里，到达雅典城把胜利的喜讯告诉人们后，就累得倒地身亡。后人为了纪念马拉松战役和腓力庇得，开始举行长跑竞赛，并将比赛命名为"马拉松长跑"。

　　此后10年，波斯和雅典各自紧张备战。公元前480年春，波斯国王大流士一世的继承者薛西斯一世出动约25万人、1 000艘战船大举远征希腊。波斯军在陆战中取得了胜利，却在萨拉米斯海战中遭受了重大损失。薛西斯一世败逃回国，其陆军退至北希腊。公元前449年，希腊海军重创波斯军队，至此双方同意议和，希波战争结束。

mǎ qí dùn guó　　qiǎo rán tū yì
马其顿国，悄然凸屹，
zhēng fú bāng lián　　bō sī āi jí
征服邦联，波斯埃及。

| 注释 | 悄然：悄悄地，安静地。　　凸：突出。 |
| | 屹：高耸，比喻坚定不动摇。　　邦联：城邦联盟。 |

　　马其顿原是希腊北部的一个省，大约在公元前 7 世纪形成了马其顿国家。马其顿国王腓力二世（前 382—前 336）在位期间，创建了强有力的马其顿方阵，组建了强大的舰队和骑兵，使马其顿成为巴尔干半岛的军事强国。面对马其顿的崛起，希腊建立了以雅典为首的反马其顿同盟。公元前 338 年，反马其顿盟军与马其顿军队决战于中希腊的克罗尼亚，盟军惨败。第二年，几乎全希腊都承认了马其顿的霸权。公元前 336 年，腓力二世在他女儿的婚宴上遇刺身亡，王位由他 20 岁的儿子亚历山大继承。

　　亚历山大迅速镇压了希腊各城邦的起义，逐渐巩固了他在希腊和马其顿的地位。公元前 334 年春，亚历山大渡过了赫勒斯滂海峡进攻波斯帝国，次年击败了波斯王大流士三世。公元前 332 年，亚历山大征服了叙利亚、腓尼基各城市，后又征服了埃及。公元前 331 年 10 月，亚历山大再次打败波斯王大流士三世，攻克巴比伦城。公元前 327 年，亚历山大率兵进军印度。公元前 324 年初，亚历山大将巴比伦作为新都，建立了一个横跨欧、亚、非三洲的庞大帝国——亚历山大帝国。公元前 323 年 6 月，33 岁的亚历山大大帝突然患病去世。之后，帝国陷入混乱状态，最后分裂为三个国家。大约 300 年后，这些国家先后被罗马征服。

219

yà lì shān dà wáng zhě wú dí
亚历山大，王者无敌，
xī là wén huà bō chuán guǎng yù
希腊文化，播传广域。

【注释】广域：广大的地理范围。

亚历山大大帝（Alexander the Great，前356—前323）18岁时就担任骑兵指挥，展现出过人的军事才华。公元前336年，只有20岁的亚历山大继承马其顿王位，之后驰骋东西，仅用12年时间就先后征服了希腊、埃及、波斯帝国，又进攻印度，建立起一个横跨欧、亚、非三洲的庞大帝国。

亚历山大曾拜希腊著名哲学家亚里士多德为师，学习哲学、医学、科学等知识。他酷爱希腊文化，认为希腊民族是全世界独一无二的民族，梦想使全世界希腊化。随着东征的推进，亚历山大逐渐认识到波斯人和希腊人同样具有杰出的智慧和才能，同样应该受到尊重。因此，他提出一个伟大的计划，希望促进马其顿人、波斯人、东方人的融合，于是他积极鼓励马其顿人和东方人结婚，他自己也和大夏贵族及波斯国王大流士三世的女儿成婚。后来，在东方的城市出现了优美的希腊式建筑和雕塑，而东方的天文学和数学知识也传入西方。同时，亚历山大在东方建设的几十座城市都发展成为商业贸易中心，开通了东西贸易通道。所以，亚历山大的东征，极大地促进了东西文化的交流。在亚历山大去世后，希腊文化依然在亚洲得到不断传播，历史学家称此现象为希腊化文化，并将从亚历山大去世起到埃及被罗马征服为止这一段时间（前323—前30）称为希腊化时代。

ōu jǐ lǐ dé　　jǐ hé tǐ xì
欧几里得，几何体系，

nú lì yī suǒ　　yù yán chuán qí
奴隶伊索，寓言传奇。

　　欧几里得（活动时期约公元前300年）是古希腊数学家，被称为"几何之父"。他所著的《几何原本》是数学的基础。虽然书中提出的很多定理在欧几里得之前就已经为人知晓，但是欧几里得的伟大贡献在于他用逻辑推理的方法建构了一个完整而严谨的几何学体系，为逻辑思考和科学的求证方法定下了准则。这本书被誉为理性思考途径的起点，被西方学者称为"科学的圣经"，是现代科学产生的一个重要基础。1607年，我国明代杰出的科学家徐光启与传教士利马窦合作译出了《几何原本》的前6卷。这个版本所翻译的一些基本术语，如三角形、角、直角等，一直沿用至今。目前中国中学课程里所教授的几何知识几乎都包含在《几何原本》里。

　　《伊索寓言》（*Aesop's Fables*）原名为《埃索波斯故事集成》，作者是生活在公元前6世纪的古希腊寓言家伊索。相传伊索是古希腊的奴隶，善于讲动物故事。《伊索寓言》通过简短而精练的小寓言故事来体现日常生活中那些不为我们所察觉的真理。这些小故事言简意赅，平易近人，富有哲理，充满了智慧。《伊索寓言》是世界上最早、流传最广的经典寓言童话作品之一，阅读量仅次于《圣经》。我们所熟知的《农夫和蛇》、《狐狸和葡萄》、《狼和小羊》、《龟兔赛跑》等故事均出自《伊索寓言》。

221

qián wǔ shì jì sī xiǎng fā yù
前 五 世 纪 ， 思 想 发 育 ，
sān rén yī jīng xīn líng gēn jī
三 人 一 经 ， 心 灵 根 基 。

【注释】 发育：这里指发展。

公元前 6 世纪至 4 世纪，在地球上几乎没有人类文化信息关联的地区，相继诞生了三个人类最伟大的哲人和一部经书：东方中国春秋战国时代（前 770—前 221）的老子（约前 571—前 471），东方古印度的佛教创始人释迦牟尼（约前 565—前 485），西方古希腊哲学家苏格拉底（前 470—前 399），以及《圣经·旧约》这部经书（成书于约公元前 1200—前 100 年）。"三人一经"如四根撑天巨柱，在同一大时代诞生于人类世界，并在其后的 2 000 多年历史长河中撑起我们人类世界精神文明的大厦，成为人类思想和心灵的根基。直到今天，全世界绝大多数的人仍然被他们的思想光辉所笼罩。

lǎo zhuāng shì dào　kǒng mèng lún yǔ
老 庄 释 道 ， 孔 孟 论 语 ，
bǎi jiā zhēng míng　zhū zǐ jǐ jǐ
百 家 争 鸣 ， 诸 子 济 济 。

【注释】 释：说明。 鸣：发表。
诸：多。 济济：很多的样子。

　　老子（约前571—前471），姓李，名耳，字伯阳，谥号聃，春秋末期楚国人，中国古代著名的思想家，道家学派的创始人，被尊为道祖，被唐皇武后封为太上老君。其著作《老子》一书，也称《道德经》，是道家的经典。庄子著《庄子》一书，将《老子》的简约哲言具体化为生动的哲理故事，文采斐然、汪洋恣肆地展现了道家思想，发展了老子的道家学说。所以，后人把老子与庄子合称为"老庄"。道家认为宇宙万物都有一个共同的本原，即"道"或"无"，他们崇尚自然，追求逍遥无待，去人力而推自然之力。"道法自然"、"清静无为"等精妙哲理是道教教理、教义的根源。

　　孔子（前551—前479），儒家代表人物，其主要思想言论被其弟子记载于《论语》一书中。战国时期的孟子继承和发扬了儒家学说，成为仅次于孔子的一代儒家宗师，有"亚圣"之称，有作品《孟子》流传后世。孔子与孟子被后人合称为"孔孟"。自汉武帝以后，儒家学说成为中国2 000余年封建文化的正统，孔子也被历代封建统治者尊为"圣人"。

　　春秋战国时期的中国，产生了老子、孔子、墨子、韩非子等诸子百家，史称"百家争鸣"。这是中国思想、学术发展的黄金时期，是中国历史上最为群星灿烂的时代，百家思想一直影响着2 000多年后今天中国人的思想。

223

xī fāng shèng xián　　sū gé lā dǐ
西 方 圣 贤 ， 苏 格 拉 底 ，
bó lā tú hòu　　gèng ài zhēn lǐ
柏 拉 图 后 ， 更 爱 真 理 。

圣贤：指品德高尚、有超凡才智的人。

苏格拉底和他的学生柏拉图及柏拉图的学生亚里士多德是古希腊著名哲学家、思想家，并称为"希腊三贤"。

苏格拉底（Socrates，前470—前399）出生于雅典，靠自学成为一个很有学问的人。30多岁时，苏格拉底做了一名社会道德教师。苏格拉底认为"美德即知识"，知识教育是进行道德教育的主要途径。苏格拉底经常在雅典大街上向人们提出一些问题并一路追问下去，帮助人们催生出自己的思想。苏格拉底把这种方法称作"精神助产术"。哲学史家往往把他作为古希腊哲学发展史上的分水岭，将他之前的哲学称为前苏格拉底哲学。

柏拉图（Plato，前427—前347）出身于雅典贵族家庭，20岁时开始师从苏格拉底8年。苏格拉底被处死后，柏拉图逃出雅典，流亡到埃及、波斯等地，4年后重回雅典。之后，他创建阿卡德米（Academy）学园，教授数学、天文、音乐、哲学，著《理想国》和《法律篇》。

亚里士多德（Aristotle，前384—前322）是柏拉图的学生，18岁开始到柏拉图的学园学习20年。亚里士多德在很多问题上有自己独特的见解。他曾说："吾爱吾师，吾更爱真理。"柏拉图死后，他离开阿卡德米学园，曾给亚历山大当老师，后来创建吕克昂学园。亚里士多德一生勤奋治学，学术研究涉及众多领域，写下了大量著作，催生了科学，被誉为百科全书式的人物。

wú shàng pú tí　　shì jiā móu ní
无 上 菩 提，释 迦 牟 尼，
ā yù dùn wù　　fó guāng pǔ jí
阿 育 顿 悟，佛 光 普 及。

【注释】 菩提：佛教中意思是觉悟，指人领悟真理达到超凡脱俗的境界。
顿悟：通过正确的修行方法，迅速地领悟佛法的要领。

  佛教由古印度的释迦牟尼在大约公元前 5 世纪创立，与基督教和伊斯兰教并称为世界三大宗教。释迦牟尼本是古印度迦毗罗卫国（今尼泊尔境内）的太子，名叫悉达多·乔达摩。悉达多 19 岁出游时，看到不断呻吟的老人、满身生疮流血的病人、被抬走的死去的人后，便经常思考人生之苦痛与无常。29 岁时，悉达多太子放弃了尊贵的地位，乘白马夜出王宫，自脱衣冠为沙门。他在苦行林过了 6 年的苦行生活。苦行期间，他日食一麻一麦，直至形体枯瘦、身心衰竭，却始终未能取菩提，于是离开了苦行林。后来，他来到尼连禅河沐浴，接受牧女的供养。恢复体力后，在毕钵罗树下，端身正念、静心默照，49 日后，豁然大悟。毕钵罗树因此被称为菩提树。释迦牟尼 35 岁在菩提树下悟道后，开创了佛教，弘扬佛法 45 年，80 岁时圆寂。

  佛教产生后，在公元前 3 世纪时被印度的阿育王大力提倡，并逐渐传播开来，大约在两汉之际传入中国。佛教思想在中国最重要的表现是禅宗。禅宗是完全中国化的佛教宗派，以菩提达摩为初祖，在六祖慧能那里发扬光大。佛教对中国的文学、艺术、思想文化等都产生了很大的影响。

shàng dì lì yuē　　mó xī shǒu bǐ
上 帝 立 约 ， 摩 西 首 笔 ，
jiù yuē quán shū　　yóu tài jiào yì
旧 约 全 书 ， 犹 太 教 义 。

【注释】 教义：一个宗教所信奉的道理。

　　《旧约全书》是犹太教的启示性经典文献，大约成书于公元前1200—前100年。基督教兴起之后，其教徒又编撰了《新约》，并和《旧约》一起被基督教统称为《圣经》。"旧约"之所以称为"约"，来源于耶和华上帝击杀埃及人拯救以色列人脱离埃及法老的统治时与以色列人所立的盟约。

　　《旧约全书》共39卷（希伯来古本为24卷），犹太人将之分成三部分，即《首五卷》、《先知书》和《圣文》。《首五卷》又称《法规》，分别是《创世记》、《出埃及记》、《利未记》、《民数记》和《申命记》，一般认为其作者是摩西。

　　至今，犹太教仍然恪守《旧约》的教诲。在长达1 800多年艰辛的离散漂泊的历程中，《旧约全书》像荒漠中的甘泉一般，滋润着犹太民族于苦难中存活。为了保持自己特有的宗教文化不被同化，犹太人以研读《旧约全书》来延续民族精神命脉。因此，自古以来犹太男子年满12岁行过成年仪式之后，就得研读《旧约全书》和祈祷书。因此，犹太人全部识字，并成为世界上充满智慧的优秀民族之一。犹太教认为人与上帝的关系是一种契约关系，作为立约一方的人如果按"约"的规定去做，立约的另一方——上帝就会降福于人。信仰犹太教的人口并不多，但起源于犹太教的两个宗教——伊斯兰教和基督教，在世界上有很大的影响。

226

qī qiū zhǔ rén　　mǔ láng bǔ yù
七 丘 主 人，　母 狼 哺 育，
bù nì zhàn zhēng　　luó mǎ jué qǐ
布 匿 战 争，　罗 马 崛 起。

〔注释〕 崛起：突起，兴起。

在意大利著名的卡彼托林博物馆中，保存着一尊大约制作于公元前 6 世纪的青铜母狼雕像。在母狼身下，一对可爱的男婴，正在贪婪地吮吸着它的乳汁。这尊雕塑源于一个传说：亚尔巴龙伽国国王努米托的弟弟阿穆留斯篡夺了哥哥的王位，杀死了哥哥的儿子，还逼迫哥哥唯一的女儿西尔维亚做了女祭司。战神马尔斯与西尔维亚相爱并生下一对孪生子——罗慕路斯和勒莫斯。阿穆留斯听到这个消息后，下令将孪生子扔到台伯河淹死。孩子的哭声引来了正在河边喝水的一头母狼，母狼把他们带回山洞，用自己的奶喂养他们。兄弟俩长大后同心协力推翻了阿穆留斯的统治，并把政权交还给自己的外公。他们自己则带领人马在他们被抛弃的地方建立了一座新的城市，即罗马城。

布匿战役是古罗马与迦太基为争夺地中海西部统治权而进行的著名战争。罗马人称迦太基人为布匿，即"商人"的意思，故这些战争被称为"布匿战役"。公元前 3 世纪，罗马把扩张的矛头转向了地中海西部，迦太基成为罗马扩张的劲敌。从公元前 264 年开始，罗马与迦太基先后进行了三次布匿战争。公元前 146 年春，迦太基沦陷，罗马一跃成为地中海最强大的国家。之后，罗马接连征服了马其顿王国及小亚细亚的西部和中部。到 117 年，罗马的殖民地以地中海为中心，北到英国，东到波斯湾，包括了几乎整个欧洲及非洲、亚洲的很大一部分。

ā jī mǐ dé　jiàn xià tuī lǐ
阿基米德，剑下推理，
sī bā dá kè　nú lì qǐ yì
斯巴达克，奴隶起义。

【注释】 推理：根据已知前提推断出新的结论的思维过程。

阿基米德（Archimedes，约前287—前212），古希腊著名的数学家、物理学家，力学和流体静力学的奠基人，享有"力学之父"的美誉。阿基米德出生于意大利西西里岛的叙拉古（今意大利锡拉库萨）。11岁时，他被送到古希腊文化中心亚历山大里亚城学习。公元前240年，阿基米德回到叙拉古，被聘为赫农王的顾问。他发现了阿基米德原理（即杠杆定律），还在洗澡时突然发现可以用排水法来测国王金冠的比重。

在第二次布匿战争中，罗马大军围攻叙拉古，当时阿基米德指挥军民利用杠杆原理制造了铁爪式起重机，它能将敌船提起并倒转，他还曾率领叙拉古人手持凹面镜，用阳光聚焦的办法烧毁罗马战舰。公元前212年，罗马攻陷叙拉古，当时阿基米德正在潜心研究一道数学题，一个士兵闯入，践踏了他所画的图形。当时阿基米德愤怒道："不要动我的图！"无知的罗马士兵举刀杀害了这颗璀璨的科学巨星。

斯巴达克起义（前73—前71）是古罗马共和时代末期由斯巴达克领导的大规模奴隶起义。当时的罗马奴隶主为了娱乐，建造了巨大的角斗场，他们挑选强壮的奴隶训练成角斗士，让他们手握利剑、匕首，相互拼杀，直至战死。斯巴达克被选为角斗士，但他组织奴隶们奋起反抗。起义军战斗了两年，一次又一次地击败了罗马大军，但起义最终还是在罗马军队的四面围剿和残酷镇压下失败了。斯巴达克战死，六千名被俘的起义者被活活钉死在从罗马城到卡普亚道路两旁的十字架上。

228

kǎi sā gǎi zhì　　wú miǎn shèng yù
恺 撒 改 制 ， 无 冕 盛 誉 ，
ào gǔ sī dū　　dēng fēng zào jí
奥 古 斯 都 ， 登 峰 造 极 。

注释 冕：帝王的皇冠。 盛誉：极高的荣誉或声誉。
登峰造极：比喻达到顶点。

古罗马从共和走向帝国的这段回肠荡气的时光，被认为是西方古代文明史上的第二个巅峰，其主角是恺撒和屋大维。

盖乌斯·尤利乌斯·恺撒（约前100—前44），史称"恺撒大帝"，罗马帝国的奠基者。恺撒年轻时因控告罗马总督贪污腐败而赢得了声誉。公元前60年，他和罗马统帅庞培、克拉苏结成反对元老贵族的秘密同盟。第二年，恺撒当选为执政官，并担任高卢行省（今法国南部）的总督，在不到10年的时间里，他率军占领了800多个城市，使高卢成为罗马的行省。公元前49年，恺撒率军从高卢打回罗马，夺取了罗马的最高权力。第二年，恺撒率军进攻希腊，讨伐曾企图解除恺撒兵权的庞培，庞培逃到埃及后被埃及国王杀死。恺撒回师罗马，被人民大会和元老院授予终身荣誉头衔——"大将军"和"祖国之父"，获得了无限期的独裁权力。公元前44年3月，恺撒遇刺身亡。

奥古斯都（前63—14），原名盖乌斯·屋大维乌斯·图里努斯，恺撒的甥孙和养子。恺撒遇刺身亡后，18岁的屋大维乌斯赢得了部分军队的支持，并与拥有多数军队的安东尼结盟，清理了刺杀恺撒大帝的共和派元老院。公元前32年，屋大维乌斯向安东尼宣战，大败安东尼，公元前30年被确认为"终身保民官"，公元前29年获得"大元帅"称号，公元前28年被选为罗马共和国的最高行政官，被元老院授予"奥古斯都"称号，建立起了专制的元首政治，开创了罗马帝国。之后，奥古斯都逐步征服了西班牙、瑞士和巴尔干半岛等许多地区，创立了一个延续200年和平安定的罗马帝国。

yē sū bù dào　　jī dū jiào lì
耶稣布道，基督教立，
jūn shì tǎn dīng　　xìn yǎng guī yī
君士坦丁，信仰皈依。

【注释】 皈依：指身心的归向和依靠。

耶稣（Jesus of Nazareth，约1—33，或前4—30），被视为基督教的创立者。传说耶稣出生在巴勒斯坦地区的伯利恒客店的马厩之中。他的父亲是约瑟，母亲是玛丽亚。耶稣在30岁以前是个木匠。30岁时他去约旦河找到表兄施洗约翰受洗，开始传道工作，并在信徒中亲自挑选了12人作为十二使徒。因为他传播的教义与传统的犹太教发生冲突，遭到了犹太教权威人士的仇视。33年，罗马当局在犹太宗教领袖的要求下将耶稣逮捕，并在耶路撒冷城外将耶稣钉在十字架上，使其窒息而死。传说三天后耶稣复活与众门徒见面，四十天后升天。

希伯来人将上帝派遣到人间的救世主称为基督，强调只要信仰基督就能得到拯救和上帝的恩宠，耶稣传教使部分人相信耶稣就是基督，耶稣基督便在犹太教内部开始传播。在耶稣遇害时基督教还不是一个独立的宗教，但是耶稣的门徒们认为自己受耶稣差遣负有传教的使命，因此于50年左右以圣城耶路撒冷为中心建立了最早的基督教会。在起初的一两百年间，基督教作为异教被罗马政府禁止。313年，罗马皇帝君士坦丁确立基督教为合法宗教。392年，罗马皇帝狄奥多西一世宣布基督教为国教。从此，基督教逐渐发展起来。基督教在发展过程中又分化为天主教（罗马公教）、东正教、基督新教，其经典是《圣经》。目前，全世界有近20亿基督教教徒。基督教与佛教、伊斯兰教并称为世界三大宗教。

230

luó mǎ tú chéng　　yóu tài liú lí
罗马屠城，犹太流离，
hé píng shèng dì　　cán qiáng kū qì
和平圣地，残墙哭泣。

【注释】
屠城：攻下城池后对城中居民进行屠杀。
流离：指离散、流落。

以色列王国至大卫儿子所罗门王在位时（前968—前928）最为强盛，以色列人在耶路撒冷的一座小山上兴建了第一圣殿。所罗门的儿子罗波安继位后，北部10个支族的人分离出去，单独成立以色列王国。犹大支族和便雅悯支族联合成立了犹大王国（《新约》也称犹太王国）。公元前721年，以色列王国被亚述帝国灭亡。南方的犹大王国则先后被埃及人、亚述人征服。公元前586年，第一圣殿被新巴比伦王国军队毁坏。公元前539年，波斯帝国推翻了新巴比伦王国，犹太人重回耶路撒冷，再建圣殿，即第二圣殿。70年，罗马征讨军围攻耶路撒冷，焚毁第二圣殿，仅残存西边一道围墙，这就是今天的"哭墙"，又称"西墙"或"叹息之墙"。从此，犹太人被迫流落世界各地，并惨遭迫害和杀戮。其中最为惨绝人寰的是"二战"时期希特勒对犹太人的大屠杀，致使约600万犹太人丧生。

犹太民族是一个背负着太多苦难的民族，但苦难培养了犹太民族的顽强与智慧。进入21世纪，犹太民族人口有1 000多万，占世界总人口比例不到0.3%，却掌握着大量财富。耶路撒冷和哭墙是犹太民族2 000年来的精神家园，是犹太人心目中最神圣的地方，也是犹太人信仰和团结的象征。千百年来，流落在世界各个角落的犹太人回到圣城耶路撒冷时，都会来到这面石墙前低声祷告。

hàn qū xiōng nú　　bō jí xī yù
汉 驱 匈 奴 ， 波 及 西 域 ，
dì guó luó mǎ　　fēn wéi dōng xī
帝 国 罗 马 ， 分 为 东 西 。

【注释】

驱：驱赶，打击。

波及：影响到。

匈奴本是生活在中亚蒙古大草原上的游牧民族。从春秋时期开始，匈奴人不断南下骚扰。汉武帝时，汉朝对匈奴展开了猛烈进攻。公元前127年，汉朝大将卫青率军收复了河套地区。公元前121年，霍去病率军夺取了河西走廊。公元前119年，汉朝对匈奴作战取得了一次决定性的胜利，此次战役让匈奴在整个西汉时期再也没有对长城脚下和漠南地区产生过威胁。公元前60年，匈奴发生内战，呼韩邪和郅支两位单于互相争位，呼韩邪于公元前51年南下投靠汉朝，而郅支则率部退至中亚康居。公元前36年，汉朝派兵远征康居的匈奴，迫使这支匈奴向西迁移。匈奴在西迁过程中打击了沿途的日耳曼民族，迫使日耳曼人纷纷到罗马帝国境内寻求庇护。其中东、西哥特人在罗马避难期间，受到罗马人的役使和侮辱，最终奋起反抗。378年，哥特人打败了罗马军队。从此，罗马帝国处于风雨飘摇之中。395年，罗马帝国的最后一位皇帝狄奥多西去世，他把帝国一分为二，东部分给长子阿卡迪乌斯，西部分给幼子霍诺里乌斯，罗马帝国分裂为东、西罗马帝国。东罗马帝国因定都的君士坦丁堡原是古希腊城市拜占庭，故又称拜占庭帝国。

匈奴人的西迁，将日耳曼人赶出丛林，匈奴的铁骑和日耳曼强悍的入侵引发了欧洲的巨大动荡，并使煊赫一时的罗马帝国走向分裂、衰弱，直至灭亡，极大地影响了欧洲和世界历史的进程。

教皇加冕，查理大帝，
jiào huáng jiā miǎn chá lǐ dà dì

法兰克国，三孙割据。
fǎ lán kè guó sān sūn gē jù

注释　加冕：君主即位时，教皇把皇冠戴在君主头上。

查理大帝（约 742—814），又称查理曼，法兰克国王（768—814）和神圣罗马帝国皇帝（800—814）。查理的父亲"矮子丕平"于 751 年与教皇联合，废黜了墨洛温王朝的末代国君，取而代之，开创了加洛林王朝。768 年，"矮子丕平"死于巴黎。查理和弟弟卡洛曼平分了加洛林王朝法兰克国。三年后，卡洛曼去世，查理合并了他的全部国土，成为统一的加洛林王朝第二代君王。之后，查理开始了大规模的连年征战，使法兰克王国的版图扩大了整整一倍。

799 年，罗马贵族发生叛乱，教皇利奥三世只身一人逃出罗马，向查理求救。次年，查理平定了叛乱，恢复了教皇的职位。同年圣诞节，教皇利奥三世为查理加冕，称他为"罗马皇帝"，并尊称他为"奥古斯都"。从此，"法兰克王国"变成了"查理帝国"，"查理国王"变成了"查理曼"，这意味着查理已经是上帝认定的罗马皇帝的合法继承人，东罗马帝国也承认了查理曼的皇帝地位。814 年，查理感染风寒逝世，帝国出现分裂。843 年，查理的三个孙子各自为王，帝国一分为三。西欧各国在此基础上逐渐发展起来：东法兰克王国成了后来的德国，西法兰克成了后来的法国，南部地区成了后来的意大利。

在巴黎卢浮宫有座青铜塑像，查理大帝胯下神骏左前腿微曲，右后腿略抬，仿佛正缓步而行，查理大帝正身端坐马上，炯炯有神的双眼直视前方。

233

yī sī lán jiào　　mù hǎn mò dé
伊斯兰教，穆罕默德，
liǎng dà pài bié　　shí yè xùn ní
两大派别，什叶逊尼。

世界文史
World Culture and
History

【注释】 派别：同一团体的内部分支。

　　伊斯兰教于 7 世纪初由穆罕默德（Muhammad，约 570—632）在阿拉伯半岛创立。穆罕默德出生在沙特阿拉伯麦加城古来什部落的一个破落贵族家庭。12 岁时，他开始随伯父外出经商，曾到过叙利亚、巴勒斯坦等地，对当时阿拉伯半岛的社会状况及多神教、犹太教和基督教等有较深的了解。25 岁后，他经常到麦加郊区的希拉山洞中静思。据说，610 年左右，穆罕默德在沉思时见到天使加百列，还听到一个声音对他说："你是神的传音者。"从此他开始公开布道。后来，由于遭到古来什部落贵族的迫害，穆罕默德率领信徒离开了麦加，于 622 年来到了麦地那，后来这一年被定为伊斯兰教历元年。在麦地那，穆罕默德逐渐建立了一个以伊斯兰教信仰为基础的政教合一的政权。他组织武装力量，多次挫败了麦加军队的进攻。630 年，穆罕默德率军夺取了麦加城，并统一了阿拉伯半岛。632 年，他率领大批信徒从麦地那到麦加朝觐，史称"辞别朝觐"。同年 6 月 8 日（伊斯兰教历 11 年 3 月 12 日），这位伟大的先知在麦地那与世长辞，死后被葬在麦地那。穆罕默德逝世后，由于在推选领导人——哈里发的问题上产生分歧，伊斯兰教逐渐分裂为逊尼派和什叶派。目前世界上有 90% 的穆斯林属于逊尼派。

tiān fāng yè tán　　yī qiān líng yī
天方夜谭，一千零一，
ā lā bó rén　　gù shì chéng jí
阿拉伯人，故事成集。

【注释】 谭：同"谈"。

　　《天方夜谭》又名《一千零一夜》，是一部于 8 世纪开始在阿拉伯民间流传的故事集。《天方夜谭》中的故事来自一个美丽的传说：古时候，在古印度和中国之间的海岛上，有一个萨桑王国，国王名叫山努亚。有一天，他和弟弟在游玩途中遇到一位神秘女郎，女郎告诉他们，天下所有的女子都是不可以信任的。国王听信了她的话，回国后，杀死了王后和宫女，从此对女人心存芥蒂。他还开始每天娶一个女子，次日便杀掉再娶。这样过了三年，整整杀掉了 1 000 多个女子。宰相的大女儿桑鲁卓为了拯救千千万万的女子，决心嫁给国王。桑鲁卓进宫后，每天晚上都给国王讲一个故事，以免被杀害。当桑鲁卓讲到第一千零一夜时，国王终于被感动了，发誓以后不再杀人，并把桑鲁卓讲的故事记录、保存下来，这就是《天方夜谭》。

　　《天方夜谭》于 18 世纪初流传到西方，塑造了西方人心中的阿拉伯世界形象，给西方的文学创作以深远影响。20 世纪初，《天方夜谭》经西方流传到中国。据说《天方夜谭》在世界上的翻译和发行量仅次于《圣经》。

mǎ qiū bǐ qiū　　mǎ yǎ gǔ yí
马 丘 比 丘 ， 玛 雅 古 遗 ，

wén míng shī luò　　qiān gǔ mí tí
文 明 失 落 ， 千 古 谜 题 。

【注释】 **失落：丢失。**

　　马丘比丘位于南美洲秘鲁境内，是曾经繁盛一时的印加帝国的遗址。印加帝国是由美洲的印第安人于 15 世纪中叶建立的强大的奴隶制国家。1532 年，百名西班牙殖民者入侵后，印加帝国在很短的时间里就灭亡了，其灭亡的真正原因至今还是个谜。马丘比丘遗址地处深山，城区由 200 座建筑和 109 处连接山坡和城市的石梯组成，是世界上最美的石方工程。1983 年，马丘比丘古神庙被联合国教科文组织定为世界遗产，它也是世界上为数不多的文化与自然双重遗产之一。

　　玛雅文明主要分布在墨西哥、危地马拉和洪都拉斯等地，是玛雅人在与亚、非、欧古代文明隔绝的条件下，独立创造的伟大文明。2 世纪时，玛雅人已经建造出有宫殿、寺庙、广场、球场的城市。3—9 世纪时，玛雅文明达到鼎盛，在建筑、天文、数学、艺术等方面都取得了辉煌成就，后又突然走向衰落和消失。直到 19 世纪 30 年代，玛雅古文明遗址被人发现，曾经辉煌一时的玛雅文明才重新进入人们的视野。

　　印加文明与玛雅文明和分布在墨西哥中部及南部的阿兹特克文明一起构成了古美洲三大文明中心。然而，神秘的印加文明与玛雅文明是如何失落和消失的，至今仍是个谜。

236

dà xué chú xíng　　zì zhōng shì jì
大学雏形，自中世纪，
bó luò ní yà　　shì sú shǒu lì
博洛尼亚，世俗首立。

[注释] 世俗：非宗教的。

　　博洛尼亚大学坐落于意大利北部艾米利亚—罗马涅区的首府博洛尼亚，它创建于 1088 年，是目前公认的欧洲"大学之母"。据说，在博洛尼亚，有一位叫格雷希恩的僧侣写了一本关于教会法律的书，吸引了欧洲各地的年轻牧师和许多求知者来听他阐述自己的思想。为了不受地主、房东和旅馆老板的欺负，求学的人们组织了一个互助会，这就是博洛尼亚大学的雏形。博洛尼亚大学与英国的牛津大学、法国的巴黎大学、意大利的帕多瓦大学并称为欧洲四大文化中心。

　　巴黎大学创建于 1170 年左右，原址在巴黎市第五区，最初附属于巴黎圣母院，是欧洲第二古老的大学。据说，一位名叫阿贝拉尔的神父在巴黎讲授神学和逻辑学，吸引了一些学生。而其他不同意阿贝拉尔观点的神父也来讲解自己的观点，这种探讨不断持续，最后就形成了巴黎大学。13 世纪，一位名叫索邦的神父在法国国王的支持下创办了为穷苦学生而设的神学院，这个学院渐渐成为巴黎大学的核心。因此，巴黎大学旧称"索邦神学院"。

　　在中世纪，大学就是教授和学生的混合体。它提供了一种自由研究、讨论、探寻的氛围，这就是大学的灵魂。巴黎大学和博洛尼亚大学不仅成功开创了大学制度，也塑造了大学最为重要的精神品质：自治精神、学术自由精神、人文精神、批判精神和创新精神等。时至今日，这些精神依然是大学教育的最高追求。

shí zì dōng zhēng　　hù shèng fá yì
十字东征，护圣伐异，
dōng fāng wén míng　　shèn jìn ōu xī
东方文明，渗浸欧西。

【注释】

伐：攻打。

欧西：西欧。

7世纪，由东方而来的信奉伊斯兰教的穆斯林塞尔柱突厥人占领了基督教圣地耶路撒冷。1071年，塞尔柱突厥人直逼东罗马帝国（拜占庭帝国）首都君士坦丁堡，东罗马帝国皇帝向教皇求援。1095年11月，罗马教皇在法国召开宗教会议，号召基督教国家联合起来以驱逐穆斯林收复圣地——耶路撒冷为目标，进行东征。因教会授予每个东征战士一枚十字架，因此东征的军队被称为"十字军"。从1096年秋天至1291年的近两百年时间里，教会共进行了10次东征。其间，在1202年的第四次东征中，十字军在威尼斯商人的怂恿与利诱下，竟将进攻矛头指向了信奉同一宗教、和威尼斯商人作对的达尔马提亚地区的撒拉城。1204年，他们又占领了东罗马帝国的首都君士坦丁堡及其在巴尔干的大部分地区，建立起"拉丁帝国"，使东罗马帝国从此一蹶不振。第五次至第七次的东征目标则转向埃及。1291年，基督教徒在东方的最后一个据点——阿卡城被穆斯林攻克，十字军东征彻底结束。

十字军东征对欧洲文明产生了深远影响。东征虽然使罗马教廷在欧洲人心中的威望大大降低，但它打开了东西方的商路，促进了地中海沿岸一些新兴城市的贸易繁荣。更为重要的是，东征使西方人得以一睹东方辉煌灿烂的文明，极大地推动了东西方文明之间的交流与融合，使相对落后的西欧从生产技术到生活方式都得到了提升。

238

mǎ kě yóu jì　　chǐ yán xuàn lì
马 可 游 记，佟 言 炫 丽，
ōu zhōu xīng qǐ　　yà zhōu tàn mì
欧 洲 兴 起，亚 洲 探 秘。

注释

侈：夸大。

炫丽：耀眼华丽。

马可·波罗（约 1254—1324）是 13 世纪意大利旅行家、探险家。据马可·波罗自己讲述，1271 年他随同父亲和叔叔踏上了去往中国的旅程。他们经过丝绸之路，大约在 1274 年到达了元朝的都城——上都，并见到了元世祖忽必烈。他们在中国居住了 17 年，并在朝廷任职。在此期间，他们走遍了中国的山山水水，到过临安，还出使过越南、缅甸、苏门答腊等地。1295 年，马可·波罗回到了威尼斯。后来，马可·波罗参加了威尼斯与热那亚的战争，战败被俘。在狱中他遇到了作家茹斯提切洛，茹斯提切洛把马可·波罗口述的见闻记录下来，这就是《马可·波罗游记》。《马可·波罗游记》又名《东方见闻录》，出版之后很快被翻译成其他欧洲语言，广为流行。

马可·波罗对东方遍地黄金的描述，激起了一些欧洲人对东方的热烈向往。14、15 世纪的航海家们进行航海冒险的直接动力，就是希望可以找到马可·波罗所描述的那块黄金之地。这些冒险活动渐渐促成了地理大发现这一伟大结果，因此，从某种程度上说，《马可·波罗游记》直接或间接地开辟了东西方直接接触和联系的新时代。

239

gē lún bù zhě　　měi zhōu xīn yù
哥伦布者，美洲新遇，
pú mài zhé lún　　huán qiú háng jì
葡麦哲伦，环球航迹。

【注释】　美洲：位于西半球，为北美洲、中美洲和南美洲的统称。

　　克里斯托弗·哥伦布（1451—1506）是中世纪热那亚共和国（今意大利一部分）的航海家。哥伦布在青年时代就对航海产生了浓厚的兴趣，并掌握了远洋航行的技术。他读过《马可·波罗游记》，十分向往游记中描述的遍地是黄金的印度、中国和日本。另外，当时地圆说已经盛行，哥伦布对此深信不疑。于是他先后向葡萄牙、西班牙、英国、法国等国国王求助，希望他们可以资助他向西航行到达东方国家的计划，但都遭到拒绝。1492年，经过8年的努力争取，哥伦布的航海计划终于被西班牙政府采纳。哥伦布共进行了四次西航，到达了美洲的大部分海岸，并建立了众多的殖民地。

　　费迪南德·麦哲伦（约1480—1521），葡萄牙著名航海家、探险家。麦哲伦16岁进入航海事务厅工作，研究地理学说和航海技术。1505年到1511年期间，麦哲伦参加了葡萄牙对东印度和马六甲的军事征服，并由此获得了大量的航海知识和经验。1519年9月20日，麦哲伦得到了西班牙国王的支持，率领着一支由5条海船256人组成的远航队从西班牙出发，驶向大西洋。1521年3月，船队来到今天的菲律宾群岛，首次完成了人类横渡太平洋的壮举。在菲律宾群岛上，麦哲伦因插手当地部族战争而被土著人砍死。1522年9月6日，仅存的远航船"维多利亚"号抵达西班牙，完成了历史上首次环球航行。

240

gǔ bài zhàn tíng　　xīn luó mǎ yì
古 拜 占 庭 ， 新 罗 马 邑 ，
yī sī tǎn bǎo　　jiào qí zài yì
伊 斯 坦 堡 ， 教 旗 再 易 。

【注释】 邑：城市。　易：改变。

拜占庭是古希腊的一个城市，建于公元前668年，因希腊半神话式的首领人物拜占庭而得名。它位于巴尔干半岛东端，扼守着黑海咽喉，地跨欧亚两洲，从海上可通欧、亚、非三块大陆，地理位置得天独厚。

罗马强大后，拜占庭成为罗马疆域的一部分。306年，君士坦丁成为罗马帝国的皇帝。由于这时罗马帝国的经济中心已转到东方，为了便于统治，324年，君士坦丁决定在罗马东部的拜占庭建立新的首都。新都于330年落成，君士坦丁将其改名为新罗马。但为纪念这位第一个信奉基督教的罗马皇帝，罗马人则习惯称新罗马城为君士坦丁堡。395年，罗马帝国分裂为东西两部分，东罗马帝国正式以君士坦丁堡为首都。因为君士坦丁堡原为古希腊的拜占庭，故又称东罗马帝国为拜占庭帝国。1054年，君士坦丁堡教会和罗马教廷决裂，成立基督教的重要分支希腊东正教。1453年，拜占庭帝国被奥斯曼土耳其攻陷。奥斯曼帝国后来也以君士坦丁堡为首都，并将其改名为伊斯坦布尔（伊斯坦堡），意为伊斯兰教的城市。

伊斯坦布尔有着3 000多年的历史，曾先后被信仰不同的民族占领，它既保留了大量古希腊罗马文化又吸收了基督教文化，还有着浓郁的伊斯兰风情。这座城市承载着东西方文明的交汇与冲突，有着说不尽的韵味。

241

<ruby>文<rt>wén</rt></ruby> <ruby>艺<rt>yì</rt></ruby> <ruby>复<rt>fù</rt></ruby> <ruby>兴<rt>xīng</rt></ruby>，<ruby>人<rt>rén</rt></ruby> <ruby>文<rt>wén</rt></ruby> <ruby>主<rt>zhǔ</rt></ruby> <ruby>义<rt>yì</rt></ruby>，

<ruby>但<rt>dàn</rt></ruby> <ruby>丁<rt>dīng</rt></ruby> <ruby>神<rt>shén</rt></ruby> <ruby>曲<rt>qǔ</rt></ruby>，<ruby>时<rt>shí</rt></ruby> <ruby>代<rt>dài</rt></ruby> <ruby>碑<rt>bēi</rt></ruby> <ruby>记<rt>jì</rt></ruby>。

注释 复兴：衰败之后重新兴旺起来。
人文主义：认为人是中心，主张思想自由和个性解放。

　　"文艺复兴"是 13 世纪末在意大利各城市首先兴起，于 16 世纪在欧洲盛行的旨在恢复古希腊和罗马文化的思想文化运动。它的核心思想是人文主义，以"人性"反对"神性"，用"人权"反对"神权"，主张个性解放和平等自由，提倡发展科学文化知识，给欧洲各国带来了空前的思想解放。历史学家认为后来的科学发展、地理大发现甚至启蒙运动都可以追溯到"文艺复兴"。

　　意大利诗人但丁（1265—1321）是欧洲文艺复兴运动的开拓者之一，以长诗《神曲》留名于后世。1302 年，他因反对罗马教皇对佛罗伦萨的干涉而被处以终身流放外地的刑罚。在被流放期间，但丁创作了《神曲》。《神曲》原名《喜剧》，中译本通称《神曲》，分为《地狱篇》、《炼狱篇》和《天国篇》三部，每部 33 篇，加上最前面的序诗，共 100 篇。诗句三行一段，连锁押韵。

　　《神曲》讲述了但丁在 35 岁那年突然迷失了正路，来到一座曙光笼罩的小山脚下，被三只野兽（豹、狮、狼）挡住了去路。危急之中，古罗马诗人维吉尔受贝雅特里奇之托，前来搭救他，并引导他游历了地狱和炼狱，后来贝雅特里奇又引导他游历了天国。《神曲》描绘了 13 世纪的人们所做、所感、所怕、所求的一切，代表了中世纪文学的最高成就，同时又表现出文艺复兴时期的思想特征，在西方文学史上具有承上启下、继往开来的重要地位，是一部里程碑式的作品。

méng nà lì shā　　yì dá fēn qí
蒙娜丽莎，意达芬奇，

shā wēng xì jù　　sì bēi sì xǐ
莎翁戏剧，四悲四喜。

【注释】 翁：老人。

　　列奥纳多·达·芬奇（1452—1519），意大利文艺复兴运动的代表人物。达·芬奇出生在意大利佛罗伦萨附近的海滨小镇，他的父亲是佛罗伦萨有名的公证人。14岁时，达·芬奇师从著名的艺术家韦罗基奥，系统地学习造型艺术。1482年，达·芬奇毛遂自荐，到米兰担任军事工程师17年，其间画了《岩间圣母》、《音乐家肖像》和名作《最后的晚餐》。1503年开始创作肖像画《蒙娜丽莎》。他的画家身份最为后人所熟知，但他同时也是雕刻家、建筑师、解剖学者、工程师、数学家和发明家。达·芬奇涉猎的领域之广令人吃惊，是通才中的代表人物和佼佼者。

　　威廉·莎士比亚（1564—1616），英国诗人和剧作家，西方文艺史上最杰出的作家之一。莎士比亚深爱戏剧，1586年，他随一个戏班子到伦敦，找到一份为剧院观众照看马匹的差使。当剧团需要临时演员时，他就临时出演配角，后被吸收为正式演员。27岁那年，他写了历史剧《亨利六世》三部曲。这几部剧上演之后，大受欢迎，为他赢得了很高的声誉。莎士比亚一生创作了37部剧本、154首十四行诗、两首长篇叙事诗和其他诗作。他的代表作有四大悲剧《哈姆雷特》、《奥赛罗》、《李尔王》、《麦克白》，四大喜剧《第十二夜》、《仲夏夜之梦》、《威尼斯商人》、《皆大欢喜》等，他被誉为"英国戏剧之父"。

tiān tǐ yùn xíng　　bō gē bái ní
天体运行，波哥白尼，
rì xīn xué shuō　　bù lǔ nuò jì
日心学说，布鲁诺祭。

天体：宇宙中的恒星、行星、卫星、彗星、宇宙尘、流星、星云等物质实体的统称。

祭：对死者表示追悼、敬意。

尼古拉·哥白尼（1473—1543），波兰著名天文学家、"日心说"的创立者，近代天文学的奠基人。他出生在一个商人家庭，中学时对天文学产生了浓厚的兴趣。1496年，哥白尼留学意大利，1506年回到波兰，开始坚持不懈地每天观察天象，记录了大量的数据，并对收集到的资料进行了系统的整理和研究。在此期间，他对托勒密的"地心说"产生了怀疑。在1510年至1530年间，哥白尼写下了《天体运行论》，创立了"日心说"，否定了统治西方1 000多年之久的"地心说"，从根本上动摇了欧洲中世纪宗教神学的理论支柱，因此受到教会的压制，直到1854年哥白尼逝世300余年后，这本旷世之作才得以公开出版。

乔尔丹诺·布鲁诺（1548—1600）作为哥白尼的推崇者之一，积极维护和宣传哥白尼的"日心说"。他的一些言行触怒了教廷，被革除教籍。之后，布鲁诺漂泊于罗马、瑞士、日内瓦、法国南部的图卢兹、巴黎、伦敦、德国、捷克等地，到处宣传"日心说"和新宇宙观，反对经院哲学，反复遭到驱逐。他的行为引起罗马宗教裁判所的恐惧和仇恨。1592年，罗马教徒将他诱骗回国，并逮捕了他。8年后，布鲁诺被处以火刑烧死在罗马鲜花广场，以生命捍卫了"日心说"。

kē xué duì huà　　jiā lì lüè yì
科学对话，伽利略议，
lì xué tǐ xì　　niú dùn dìng lǜ
力学体系，牛顿定律。

【注释】 体系：同类的事物组合而成的整体。
定律：关于事物发展变化客观规律的论断。

伽利略（1564—1642），意大利著名数学家、天文学家和物理学家，被誉为"现代科学之父"。他的力学理论奠定了经典力学的基础，后牛顿对此进行发展完善，建立了近代经典力学的理论体系。他还做了流传至今的比萨斜塔实验，是用望远镜研究星空的第一人，也是近代实验科学的先驱。《关于托勒密和哥白尼两大世界体系对话》和《关于两门新科学的对话与数学证明对话集》是伽利略最重要的两部著作。这两本书都采用了对话形式，前者是一本天文学著作，后者阐述了他关于材料力学和动力学这两门新科学的研究成果。这两本书是伽利略对现代科学的伟大贡献，对亚里士多德学说提出了挑战，被视为近代物理学的基石。

艾萨克·牛顿（1642—1727），英国伟大的数学家、物理学家、天文学家和自然哲学家。牛顿在中学时代学习成绩并不出众，曾辍学务农，19岁时以减费生的身份进入剑桥大学三一学院。1665年6月，牛顿因鼠疫离校返乡，见到苹果落地而思考引力问题。正是在这一时期，牛顿形成微积分、万有引力、光学分析的思想。牛顿的研究领域包括物理学、数学、天文学、神学、自然哲学和炼金术等。他的主要贡献是发明了微积分，发现了万有引力定律，创建了经典力学，奠基光学，制造了第一架反射式望远镜等。科学史上称牛顿把天上和地上的运动规律统一起来，实现了第一次物理大综合，牛顿因此被誉为人类历史上最伟大、最有影响力的科学家。"牛顿"后来成为衡量力大小的单位名称。

bàn shì bǐ gēng　　fú shì dé jù
半世笔耕，浮士德剧，
gē dé wén xué　　bǎi nián dà qí
歌德文学，百年大旗。

[注释] 笔耕：不懈地写作。

约翰·沃尔夫冈·冯·歌德（1749—1832），18 世纪中叶到 19 世纪初德国乃至欧洲最重要的剧作家、诗人、思想家。他一生横跨两个世纪，在整个欧洲处于大动荡、大变革的年代，他用自己的创作为那个时代留下了鲜明的印记，人们因此称他为"百年歌德"。

歌德出生在法兰克福镇一个富裕的市民家庭，从小喜欢文学和戏剧。1774 年，25 岁的歌德完成了书信体小说《少年维特的烦恼》。这部作品以浓郁的诗意和强烈的情感表达了维特的痛苦、憧憬、多愁善感和愤世嫉俗，引发了感伤主义和狂飙突进文学运动。1775 年，为改良社会，歌德应聘到魏玛公国做官，后来因厌倦宫廷生活，辞去行政职务。1794 年，歌德与席勒结交，他们一起成就了德国的古典主义文学运动。歌德最主要的代表作是现实主义和浪漫主义相结合的诗剧《浮士德》，他从 24 岁开始创作这部作品，直到 82 岁才完稿。主人公浮士德老博士独自在中世纪的书斋里研究学问，穷年累月一无所获。为了寻求新生活，他和魔鬼订立契约，把自己的灵魂抵押给他，而魔鬼则要满足浮士德的一切要求。如果有一天浮士德得到了满足，那么他的灵魂就将归魔鬼所有。魔鬼载着浮士德一同出去游历世界，经历种种磨难和考验，在浮士德 100 岁双目失明时，他终于在改造自然的事业中得到满足。按照契约，浮士德的灵魂应该马上归魔鬼所有，但天使们却把他救到了天上。

246

zōng jiào gǎi gé　　qīng jiào táo bì
宗教改革，清教逃避，
wǔ yuè huā hào　　yáng fān piāo qù
五月花号，扬帆漂去。

【注释】 改革：改掉事物不合理的部分。

　　从 16 世纪末到 17 世纪初，英国清教徒发起了激烈的宗教改革运动，主张清除英国国教中的天主教因素，净化英国国教，建立纯正的新教教会。这场运动遭到了当时政府和教会势力的镇压，许多清教徒被逮捕和迫害。一些清教徒不堪忍受这样的命运，于 1608 年左右逃亡到可以享有宗教自由的荷兰。可是，荷兰对宗教过于宽容的态度，也令清教徒感到难以忍受。于是，他们决定离开欧洲，向尚是蛮荒之地的美洲移民。1620 年 9 月 23 日，清教徒们乘坐"五月花"号帆船穿越大西洋，经过 66 天的航行，终于到达了美洲大陆。在登陆之前，船上 41 名虔诚的男性教徒签订了一份公约，这就是著名的《五月花号公约》（*The Mayflower Compact*）。《五月花号公约》第一次从民众的角度阐述了国家权力的来源：国家是民众以契约的形式合意组建的，国家权力来自民众出让的部分权利，公民的私有财产不可侵犯。

　　《五月花号公约》是美国历史上第一份极为重要的政治文献，美国几百年的根基就建立在这短短的几百字之上，信仰、平等、自愿、自治、法律……这些关键词几乎道出了美国立国的基本原则。它为美国后来的迅速发展奠定了政治基础，其意义几乎可以与英国的《大宪章》、法国的《人权宣言》等文献相媲美。

wǎ tè gǎi jìn　zhēng qì jī qì
瓦特改进，蒸汽机器，
gōng yè gé mìng　rén lèi qì jī
工业革命，人类契机。

| 注释 | 改进：改变落后，使有所提高。
契机：事物转化的关键机会。 |

詹姆斯·瓦特（1736—1819），英国著名发明家。瓦特出生于苏格兰的一个小镇，小时候的教育是由母亲在家里完成的。瓦特从小就表现出很强的动手能力和观察能力。17 岁时，瓦特的母亲去世，他到格拉斯哥市当了一名徒工。第二年他又到伦敦的一家仪表修理厂当徒工。但是繁重的劳动和艰苦的生活损害了他的健康，他不得不回到格拉斯哥休养。1756 年，瓦特在格拉斯哥大学当了仪器修理员，结识了一些著名学者，学到了许多科学理论知识，并对蒸汽机械产生了浓厚的兴趣。1712 年，纽可门发明了第一台蒸汽机。1764 年，学校请瓦特修理一台纽可门式蒸汽机。在修理的过程中，瓦特发现了这种蒸汽机的缺点，从此开始改进蒸汽机。1776 年，瓦特的第一批新型蒸汽机制造成功，并应用于实际生产。到 1787 年，经过瓦特改良的新型蒸汽机的效率是纽可门式蒸汽机的 5 倍，并逐渐得到广泛应用，几乎成为所有机器的动力，使世界进入了"蒸汽时代"，在英国掀起工业革命的浪潮，瓦特因此被称为"工业革命之父"。18 世纪末，英国的各个行业相继实现了工厂化，英国一举成为号称"日不落帝国"的超级强国。工业革命也逐渐扩展到法国、德国、美国、日本等国，开启了城市化的进程，使农业文明转向工业文明，对人类的发展产生了深远影响。

248

tiān fù rén quán fú lú hū yù
天 赋 人 权 ， 伏 卢 呼 吁 ，
fǎ guó qǐ méng měi guó dú lì
法 国 启 蒙 ， 美 国 独 立 。

　　古希腊哲学的自然法理论提出自然权利，即天赋人权，认为人生来就是自由和平等的，一切人都具有追求生存、幸福的权利，这种权利是天赋予的，不能被剥夺。欧洲文艺复兴之后，自然权利成为重要议题。到了17、18世纪，法国的伏尔泰、卢梭等发展了这一思想，发起了一次人类历史上最为波澜壮阔的思想启蒙解放运动，导致了美国《独立宣言》的诞生和1789年法国大革命，使美国和法国走进现代文明发达国家行列，并对整个欧洲产生了巨大影响。

　　伏尔泰（1694—1778），原名弗朗索瓦—马利·阿鲁埃，笔名伏尔泰。法国启蒙思想家、文学家、哲学家。伏尔泰出生于巴黎一个富裕家庭，天资聪慧。毕业后，伏尔泰迫于父命曾进入法科学校学习。但后来他却当了一名无业文人，写下了许多著作，反对封建专制，宣扬自由和平等，成为法国启蒙运动的始祖，被誉为"法兰西思想之王"、"法兰西最优秀的诗人"、"欧洲的良心"。

　　让—雅克·卢梭（1712—1778），法国伟大的启蒙思想家、哲学家、教育家、文学家，18世纪法国大革命的思想先驱。卢梭10岁时成为孤儿，以做临时工谋生。30岁时参加第戎科学院有奖征文活动，以《论科学与艺术是否败坏或增进道德》获得头等奖，一举成名。随后他又写出了《论不平等的起源》、《爱弥尔》、《社会契约论》、《忏悔录》等名著。

zhān nà niú dòu　　tiān huā miǎn yì
詹纳牛痘，天花免疫，
huà xué zhī fù　　fǎ lā wǎ xī
化学之父，法拉瓦锡。

【注释】 免疫：体内具有抵抗力而不患传染病。

　　爱德华·詹纳（1749—1823），英国医生，因研究及推广牛痘疫苗，防治天花而闻名。天花是一种古老而具有毁灭性的疾病，仅在 20 世纪，就夺去了大约 3 亿人的生命。詹纳在乡间行医时，注意到一些感染过牛痘（一种温和的天花病）的挤奶女工不再感染天花，由此想到牛痘可能会对天花具有抵抗力。1796 年 5 月，詹纳进行人体接种牛痘预防天花的试验获得成功，天花成为人类战胜的第一种瘟疫。后来，人们从詹纳防治天花的方法中得到启发，创立了免疫学，詹纳被称为"免疫学之父"。在防治非典型性肺炎（SARS）、甲型流感（H1N1）时，免疫学发挥了巨大作用。
　　安托万·洛朗·拉瓦锡（1743—1794），法国化学家、现代化学奠基人。拉瓦锡 21 岁时从巴黎政法大学毕业，但他没有听从父亲的安排去做一名律师，而是从事了自己喜爱的自然科学工作。1765 年，22 岁的拉瓦锡在法国皇家科学院举办的一次竞赛中获得国王颁发的金质奖章。之后，拉瓦锡在化学方面作出了一系列杰出贡献，建立了以氧为中心的燃烧理论。1768 年，他被任命为法国皇家科学院的副会员，1785 年开始担任科学院的秘书长。1789 年，他出版了《化学概要》，这本著作标志着现代化学的诞生。1794 年 5 月 8 日，拉瓦锡被法国大革命运动中无知的人们送上断头台。著名数学家拉格朗日痛心地说："可以一瞬间把他的头割下，而他那样的头脑也许一百年都长不出一个来。"

fù guó lùn zhě　　yà dāng sī mì
富 国 论 者 ， 亚 当 斯 密 ，
mǎ ěr sà sī　　rén kǒu wēi jī
马 尔 萨 斯 ， 人 口 危 机 。

[注释] 危机：指危险的时刻。

亚当·斯密（1723—1790），经济学的主要创立者。他出生在苏格兰，14 岁时进入格拉斯哥大学研读道德哲学，对自由、理性等产生了浓厚兴趣。1751 年，亚当·斯密在格拉斯哥大学教授道德哲学，写下了《道德情操论》，阐述了具有利己主义本性的个人如何控制自己自私的感情和行为，从而建立一个具有行为准则的社会，并进行有规律的活动。1764 年，亚当·斯密辞去教授之职，陪学生赴欧洲大陆游学。1767 年 5 月到 1776 年 3 月，亚当·斯密回到家乡潜心撰写《国富论》，第一次提出了"市场经济由'无形之手'自行调节"的理论。《道德情操论》寄重托于同情心和正义感，而《国富论》则寄希望于竞争机制。亚当·斯密的理论被许多资本主义国家采用并依此成功地治理了国家，成为自由市场经济国家的主流道德伦理标准。

托马斯·罗伯特·马尔萨斯（1766—1834），英国牧师，现代人口学奠基人。1784 年，他被剑桥大学耶稣学院录取，1791 年获得硕士学位，两年后当选为耶稣学院研究员，成为圣公会的乡村牧师。1798 年，马尔萨斯针对 18 世纪末英国工业革命所造成的大批工人失业、贫困等问题发表了《人口原理》，认为若没有限制，人口是呈指数速率增长的，而食物供应呈线性速率增长，人间的一切灾难都是人口与资源供应均衡调整的结果，人类的发展也必然与灾难始终相伴，只有自然衰老、战争、瘟疫、饥荒、道德限制和罪恶等能够限制人口的过度增长。

xióng cái bài dǎo　　huá tiě lú yì
雄 才 败 倒 ， 滑 铁 卢 役 ，

ná pò lún hòu　　bù luò yīng qí
拿 破 仑 后 ， 不 落 英 旗 。

【注释】

雄才：指才能出众的人。

役：战争。

　　拿破仑·波拿巴（1769—1821）出生在一个没落的意大利贵族家庭。9岁时被送到军校接受教育。1784年被选送到巴黎高等军事学校，一年后被任命为皇家炮兵少尉。1793年12月，24岁的拿破仑指挥炮队成功地击败英国舰队，被提升为旅长。之后，拿破仑统率的军队多次击退了由英国、荷兰、西班牙等国组成的第一次反法同盟。1796年，拿破仑被提升为驻意大利法军司令。从1796年到1797年，拿破仑在意大利取得的一系列辉煌胜利为他在法国树立了较高的威信。1799年11月9日，拿破仑发动了"雾月政变"，成为法兰西共和国第一执政官，使法兰西逐步发展成为欧洲大陆的霸主，并且拿破仑还兼任意大利国王、莱茵联邦的保护者、瑞士联邦的仲裁者。1814年，拿破仑在莱比锡战役中兵败，被流放到意大利的厄尔巴岛。1815年，他逃出流放地回到法国，迅速恢复了权力。这年6月18日，拿破仑率28.4万人与英、俄、普、奥、荷、比等国联军约65万人在比利时南部的滑铁卢会战，遭到惨败，"百日政权"结束。之后，拿破仑被流放到大西洋上的一个小岛——圣赫勒拿岛，直到去世。

　　拿破仑战败后，英国进一步巩固了它在国际政治、军事上的强权地位，工业革命更让其成为无可争辩的经济大国。维多利亚时代的大英帝国步入了鼎盛时期，到处建立殖民地，全球约四分之一的人口为其子民，其领土面积约3 000万平方公里（占世界陆地总面积的20%），遍布地球上的24个时区，号称"日不落帝国"。

diàn cí gǎn yìng　　yīng fǎ lā dì
电 磁 感 应 ， 英 法 拉 第 ，
mài kè sī wéi　　guāng diàn tōng lǐ
麦 克 斯 韦 ， 光 电 通 理 。

【注释】　感应：受影响而引起相应的反应。

　　迈克尔·法拉第（1791—1867）出生在英国纽因顿，小时候家境贫苦，仅读过两年书，13 岁时开始做书本装订学徒。在 8 年的学徒生涯中，他阅读了大量书籍，并利用业余时间参加市哲学学会的自然哲学讲座。1812 年，法拉第被化学家戴维接收为化学助理。1813 年，法拉第协助戴维到欧洲大陆巡回讲学一年半。1820 年，法拉第读到一篇关于电流可以产生磁力的论文，由此设想也可把磁转变为电。1831 年，法拉第将磁棒快速通过线圈产生电流的试验获得成功，并提出电场、磁场、电力线、磁力线的概念。之后，法拉第当选为皇家学会会员，任皇家研究所化学教授，并获皇家勋章。

　　詹姆斯·克拉克·麦克斯韦（1831—1879）出生在英国爱丁堡，从小喜欢数学。1847 年，麦克斯韦进入爱丁堡大学。3 年后转到剑桥大学三一学院攻读数学。1860 年，他到伦敦皇家学院任教，并在伦敦拜访了法拉第。后来他将电磁场理论用简洁、完美的数学形式表达出来，推导出奠定电动力学基础的麦克斯韦方程组，计算出电磁波的传播速度和光速非常接近，预言光是一种电磁辐射。1865 年春，麦克斯韦辞去教职回到家乡，之后出版了电磁场理论的经典著作《论电和磁》。科学史称麦克斯韦把电和光统一起来，继牛顿之后实现了第二次物理大综合。1879 年，麦克斯韦因病逝世，这一年爱因斯坦出生。

sī dì fēn sēn　　jī chē zhēng qì
斯蒂芬森，机车蒸汽，

mò ěr sī mǎ　　diàn bào chuán dì
莫尔斯码，电报传递。

【注释】 码：符号。

　　乔治·斯蒂芬森（1781—1848），铁路机车的主要发明者。斯蒂芬森出生在英国，家境十分贫寒，14 岁时跟着父亲在煤矿做工，主要工作是擦拭蒸汽机和给机器加油。由于长期接触机器及刻苦钻研，他逐渐搞清了蒸汽机的构造和原理。当时蒸汽机已经用于汽船上，但还没有用于陆地交通。1814 年，经过斯蒂芬森改良的陆地蒸汽机车问世，因机车从烟囱向外喷火，被称为"火车"。1825 年 9 月 27 日，斯蒂芬森亲自驾驶着"旅行号"，以每小时 20 多公里的速度从达灵顿驶到斯托克顿，铁路运输事业就从这天开始了。

　　萨缪尔·芬利·布里斯·莫尔斯（1791—1872），美国人，电报的发明者。莫尔斯从小喜欢画画，14 岁进入耶鲁大学学习美术。毕业后，在新英格兰、纽约、南卡罗来纳州巡回画肖像画。1832 年 10 月，莫尔斯在漫游途中，看到物理学家杰克逊给观众做电磁铁吸引铁片的试验，产生极大兴趣，由此联想到可以用电流快速传输电磁讯号。1837 年，莫尔斯成功研制了一台传递电码的装置，命名为"电报机"。同时莫尔斯的助手艾尔菲德·维尔设计了将点、划和中间的停顿作为信号，用来代替文字的传递方法，这就是现在我们所熟知的莫尔斯电码。1844 年 5 月 24 日，在美国国会大厦里，莫尔斯用莫尔斯码发出了人类第一份电报："上帝创造了何等奇迹！"这一天后来成了国际公认的电报发明日。电报的发明拉开了人类电信时代的序幕。

wù zhǒng qǐ yuán　　dá ěr wén tí
物 种 起 源， 达 尔 文 提，
jìn huà lǐ lùn　　tiǎo zhàn shàng dì
进 化 理 论， 挑 战 上 帝。

注释　　起源：事物产生的根源。

　　查尔斯·罗伯特·达尔文（1809—1882），英国博物学家，生物学家，进化论的奠基人。达尔文出生在英国一个富裕家庭。1825年秋，达尔文的父亲把他送进爱丁堡大学学习医学。1828年，达尔文转入剑桥大学基督学院学习神学。1831年，达尔文参加了英国海军考察船为期5年的环球考察。在这次航行中，达尔文记录了大量的地理现象、化石和生物，收集了许多标本，发现了许多没有记载的新物种，并开始思考万物的变化及它们之间的联系等问题。1836年，达尔文回到英国，开始写作一本关于物种演变的笔记，整理和研究航行期间的所见所闻。1859年，达尔文出版了《物种起源》，认为物种并不是永久不变的，在地球漫长的历史中，同一物种因在不同地区生存会产生不同的特征，甚至演变成不同的种类。所有的生物可能都是从极少数甚至是由一个共同的祖先演化而来。在进化过程中，适应自然环境者生存下来。

　　《物种起源》挑战了西方人普遍相信的生物界所有物种（包括人类）都是由上帝创造出来的神创论观点，引起极大轰动。虽然直到今天，因为缺少过渡期化石来证明物种演变是一个渐变的过程等原因，人们对进化论的质疑从未停止，但达尔文的进化论依旧被誉为19世纪自然科学的三大发现之一，也是生物学的核心思想之一。

255

nán běi zhàn zhēng　　　lín kěn shèng lì
南 北 战 争 ， 林 肯 胜 利 ，
jiě fàng xuān yán　　　fèi chú nú lì
解 放 宣 言 ， 废 除 奴 隶 。

【注释】 废除：取消，完全放弃。

美国南北战争（1861—1865），又称美国内战，是亚伯拉罕·林肯领导的反对奴隶制的美国联邦政府（北方）与维护奴隶制的南部同盟（南方）之间进行的一场战争。其焦点集中在奴隶制的存废问题上。

1860年，林肯加入了主张废除奴隶制度的共和党，并成功当选为美国第十六届总统，这导致南方奴隶主纷纷脱离联邦。1861年2月，南方宣布成立"南部同盟"，并于4月14日攻陷南卡罗来纳州的联邦要塞萨姆特。4月15日，林肯政府发布讨伐令，美国内战爆发。战争初期，北方的实力大大超过南方，但南方凭借其优良的军事素质取得了节节胜利。此时，共和党内部的激进派及社会上的废奴主义者提出解放奴隶和武装黑人的主张，林肯也意识到了解放奴隶的必要性，先后颁布了《宅地法》和《解放黑人奴隶宣言》，这使得成千上万的奴隶逃往北方。1863年，北方在军事上出现转机，并在7月1日的葛底斯堡战役中取得胜利，歼灭南方军2.8万人，这一战役成为内战的转折点。1865年4月9日，南方部队投降，内战结束，美国恢复统一。

南北战争最重要的意义在于废除了奴隶制，使黑人奴隶在法律上获得了自由，为美国的资本主义发展扫清了障碍，也为美国成为当今世界的头号强国奠定了基础。它是继美国独立战争之后的又一重大事件，因此被称为美国的第二次资产阶级革命。

256

ào mèng dé ěr，　yí chuán diàn jī
奥孟德尔，遗传奠基，
dé mǎ kè sī，　zī běn shèng yú
德马克思，资本剩余。

【注释】 奠基：一种事业的创始。

　　孟德尔（1822—1884）出生在奥地利西里西亚一个贫穷的农民家庭。1843 年，孟德尔从欧缪兹学院哲学系毕业，进入修道院成为一名修士。1853 年，孟德尔为了获得优良的豌豆品种在修道院里进行豌豆杂交实验。后来，他把重点转向了对遗传规律的探索，共进行了 8 年试验。孟德尔发现每一棵植株都具有两个决定高度性状的因子，高的因子是显性的，矮的因子是隐性的。在杂交形成生殖细胞时，这对因子会分离，然后自由组合，产生子代的高植株和矮植株的比例是 3∶1，这种分离规律和自由组合规律被后人称为孟德尔定律。孟德尔也被公认为现代遗传学的奠基人。

　　卡尔·亨利希·马克思（1818—1883），德国人，1841 年获得耶拿大学哲学博士学位，毕业后担任《莱茵报》主编，因抨击普鲁士政府，被迫辞职。1843 年，马克思来到巴黎，着手研究政治经济学。1847 年 6 月，马克思和恩格斯共同起草了《共产党宣言》，号召全世界无产者联合起来进行革命，消灭资产阶级，进入无阶级的共产主义社会。马克思一生辗转于德国、法国、比利时、英国等国家，反复被驱逐，一度生活穷困，债务缠身，四个孩子中有三个死亡。这曾使他精神焦虑，情绪不佳。在艰难的处境中，马克思写出了《资本论》（第一卷），提出"剩余价值"学说，认为工人获得的工资与其劳动所创造的价值不对等，差额部分被资本家剥夺，无产阶级应该进行革命斗争，资本主义必然灭亡。

257

mén jié liè fū　　yuán sù zhōu qī
门 捷 列 夫 ， 元 素 周 期 ，

diàn huà gōu tōng　　bèi ěr dì yī
电 话 沟 通 ， 贝 尔 第 一 。

【注释】 元素：又称化学元素，指构成所有物质的一百多种最基本的金属和非金属物质。

德米特里·门捷列夫（1834—1907）生于俄国西伯利亚，1850年进入彼得堡师范学院学习化学，毕业后任中学教师。1865年获化学博士学位。1866年任彼得堡大学普通化学教授。1869年发现了元素周期律，揭示了元素的性质随着原子量的递增而呈周期性变化的规律，编制了第一个元素周期表，把已经发现的63种元素全部列入表里，还在表中留下空位，预言未知元素，并指出当时测定的某些元素原子量的数值有错误。若干年后，他的预言都得到了证实，引起科学界的震动。为了纪念他的功绩，人们就把元素周期律和周期表称为门捷列夫元素周期律和门捷列夫元素周期表。

亚历山大·格拉汉姆·贝尔（1847—1922）出生在英国苏格兰的爱丁堡。1862年，贝尔进入爱丁堡大学学习语音学。1869年，22岁的贝尔被聘为美国波士顿大学语音学教授。一次，在做聋哑人用的"可视语言"实验时，贝尔发现在设备接通电流和断掉电流时，螺旋线圈会发出噪声。由此他大胆设想在电线一端人的说话声如果能使电流发生变化，而另一端因电流变化产生声波，就可以实现声音的传送。为此，贝尔自学了电磁学知识，经过反复实验制成了世界上第一台实用的电话机。1877年，第一条电话线路在波士顿架设成功，人类进入电话时代。贝尔被誉为"电话之父"。

258

dé yì zhì guó　　　pǔ lǔ shì jì
德意志国，普鲁士觊，
tiě xuè zhèng cè　　bǐ sī mài jǔ
铁血政策，俾斯麦举。

【注释】 觊：企图。

300 年左右，日耳曼人逐渐在今天的德国境内形成部落。843 年，查理曼的三个孙子三分查理曼帝国，其中东法兰克王国成为德国雏形，到 1254 年演变成"神圣罗马帝国"直至 1806 年。神圣罗马帝国是一个松散的诸侯联盟，最多时全国竟分有上千个邦国。1618—1648 年，欧洲多国在德意志的土地上进行了一场"三十年战争"。德意志逐渐衰落，出现空前的民族分裂局面，此时普鲁士逐渐发展起来。从 1701 年普鲁士王国建国伊始，到 1740 年腓特烈二世即位后，普鲁士逐步发展成为一个军国主义性质国家，成为欧洲军事强国。18 世纪初奥地利和普鲁士崛起，根据 1815 年维也纳会议，组成了德意志联邦。1851 年，俾斯麦被任命为普鲁士邦驻德意志联邦代表会的代表。1862 年 6 月，俾斯麦出任普鲁士的宰相兼外交大臣。同年 9 月，俾斯麦在普鲁士议会的首次演说中宣称要用"铁和血"的政策来统一德国。俾斯麦就任首相后，很快便开始筹划统一德国的战争。1864 年，普鲁士联合奥地利打败丹麦。1866 年，普鲁士在"七星期战争"中战败奥地利，次年建立北德意志联邦。1871 年，又战败法国，建立起统一的德意志帝国。

曾有人这样描述普鲁士的军国主义："对其他国家来说，是国家拥有一支军队；对普鲁士而言，则是军队拥有一个国家。"普鲁士的好战性直接促成了后来俾斯麦"铁血政策"的出台，并进而成为两次世界大战的诱因。

míng zhì wéi xīn　　dōng yíng xiào xī
明治维新，东瀛效西，
jiào yù biàn gé　　guó zhuàng yù mí
教育变革，国壮欲弥。

[注释] 维新：反对旧的，提倡新的。
东瀛：日本。 效：模仿。 弥：满胀。

日本的古代文明与中国古代文明非常相似，是一个典型的东方传统文化国家，各方面受中国影响很大。进入 19 世纪，在幕府统治下的日本也实行着闭关锁国政策。1853 年，美国东印度舰队强迫日本签下不平等的《日美亲善条约》。日本中下级武士改革分子及有识之士认识到要想挽救民族危亡，必须彻底推翻幕府统治，于是逐步形成革新势力，开展倒幕运动。1867 年，孝明天皇去世，太子睦仁亲王（即明治天皇）即位，倒幕势力积极结盟举兵。1868 年底，明治天皇颁布"王政复古大号令"，宣布废除幕府。1869 年，德川幕府被推翻，日本全境统一，大政归还天皇，"明治维新运动"彻底胜利。同年，明治天皇决定进行改革。1871 年 12 月，日本政府几乎全体出动，组成"欧美使节团"前往美国考察，半年后转向欧洲，历时一年零九个月。回国后，使节团将考察经验整理成《特命全权大使美欧回览实记》，并将其作为日本人必须学习的教育课程。政府迅速调整建国方针，提出置产兴业、文明开化、富国强兵，用西方国家的教育、科学和生活方式改造日本文化。日本由落后的封建国家快速过渡到资本主义国家，国力逐渐强盛，逐步废除与西方列强签订的不平等条约，收回了国家主权，成为亚洲强国，并在 1894 年的甲午中日战争中打败中国，在 1904 年日俄战争中击败沙皇俄国，在"二战"时全面入侵中国，成为世界发达国家之一。

260

huà jiā fán gāo　　 jī qíng yáng yì
画 家 梵 高 ， 激 情 洋 溢 ，
shēng mìng sè cǎi　　 wú yǔ lún bǐ
生 命 色 彩 ， 无 与 伦 比 。

　　文森特·梵高（1853—1890），后期印象画派代表人物，19世纪人类最杰出的艺术家之一。梵高出生在荷兰乡村，年轻时曾在画店做过店员。1879年，他被准许以6个月为期限担任一个矿工村的传教士。他跟矿工吃睡在一起，在一次矿坑爆炸中，他冒死救出一个重伤矿工；伤寒流行时，他去护理病人，甘愿把自己的一切献给贫穷的人们。1880年，梵高开始学画画，虽曾向荷兰风景画家安东·莫夫学习，但最后还是决定以自学为主。梵高初期的作品处于探索阶段，情调普遍低沉。1886年，梵高来到巴黎，结识了一些有名的印象主义画家，眼界大为开阔，从此他的大量作品变得鲜亮和明朗。其间他还学习了日本版画等东方艺术线条。但最后他摒弃了一切后天习得的知识，漠视教条，甚至忘记自己的理性，眼里只有生机盎然的自然景观，陶醉其中，物我两忘，用色浓烈、明亮，表现出无法控制般的亢奋。其画面中的每一个物体，都以独特的方式燃烧着它的生命力。在他去世后，他的这种"为了表现强烈的感情，可以不对现实作如实反映"的创造性画法，被称为"表现主义"。梵高去世之后，留下了油画800多幅、素描700余幅及很多水彩和版画等，这些作品争相被人们珍藏。

　　梵高是一位用心灵作画的艺术大师，他的一生非常孤独贫困，但却为人类留下了巨大的艺术财富。梵高生前被人们认为是个不正常的人，但他却履行了做人应对自己诚实的原则。

261

nuò bèi ěr jiǎng　　gòng xiàn shǒu qū
诺 贝 尔 奖 ，　贡 献 首 屈 ，
měi ài dí shēng　　fā míng pín lǚ
美 爱 迪 生 ，　发 明 频 屡 。

【注释】 首届：首届一指，表示第一。
频屡：频和屡，表示次数很多。

　　诺贝尔奖（Nobel Prize）创立于 1901 年，为全世界学术界个人最高荣誉，也是威信最高的国际性大奖。阿尔弗雷德·贝恩哈德·诺贝尔（1833—1896）出生在瑞典，从小就对科学有着浓厚的兴趣，后去法国和美国深造，学成后返回瑞典从事化学研究工作。诺贝尔进行过无数次硝化甘油炸药实验，付出了弟弟在实验中被炸身亡等巨大代价，于 1863 年发明了使用硝化甘油的安全方法。他一生获得的专利有 350 余项，而其中仅炸药就达 129 种，所以被称为"炸药大王"。1896 年 12 月 10 日，诺贝尔逝世，他立下遗嘱明确用其遗产中的 3 100 万瑞典克朗成立一个基金会，并将基金所产生的利息每年奖给在上一年中为人类作出杰出贡献的人，这就是诺贝尔奖。

　　托马斯·阿尔瓦·爱迪生（1847—1931），举世闻名的美国电学家和发明家，共有约 2 000 项创造发明。爱迪生只上过 3 个月的小学，是母亲给予儿时的爱迪生谅解与耐心教导，才使被认为是低能儿的爱迪生成为举世闻名的"发明大王"。爱迪生具有一颗好奇的心，一种亲自试验的本能和超乎常人的艰苦工作精神，这是创造发明的基本素质。他曾说："天才就是百分之一的灵感加上百分之九十九的汗水。"在创下发明最高纪录的 1881 年，他申请立案的发明达 141 种。1892 年，爱迪生电力照明公司与其他公司合并成立了通用电气公司，该公司在电气领域的统治地位长达一个世纪。

fú luò yī dé　　jīng shén fēn xī
弗洛伊德，精神分析，
jīng diǎn dà shà　　yún duǒ cún mí
经典大厦，云朵存谜。

【注释】 经典：此处指经典物理学。

　　西格蒙德·弗洛伊德（1856—1939），奥地利精神和神经科医生，心理学家，精神分析学派创始人。弗洛伊德出生在一个犹太商人家庭，他爱好广泛，博学多才，17 岁进入维也纳大学医学院。后来，他的兴趣逐渐转向了精神病学方面，著有《梦的解析》、《性学三论》、《文明及其缺陷》等。他创立的精神分析学派，成为 20 世纪最重要的社会思潮和学术流派，对心理学、教育学、哲学、人类学、文学、艺术学、伦理学等均产生了重大影响。

　　19 世纪的最后一天，欧洲著名的科学家欢聚一堂，英国著名物理学家 W. 汤姆生（即开尔文男爵）发表了新年祝词。他在回顾物理学所取得的伟大成就时说，物理大厦已经落成，所剩的只是一些修饰工作。当时的科学家们几乎都认为，以经典力学、经典电磁场理论和经典统计力学为三大支柱的经典物理大厦已经建成，而且基础牢固，宏伟壮观！物理学已经再没有研究的余地了。但是，开尔文在展望 20 世纪物理学前景时，却若有所思地讲道，物理学美丽而晴朗的天空还被两朵乌云笼罩着。他所说的第一朵乌云主要是指迈克尔逊实验结果和以太漂移说相矛盾，第二朵乌云主要是指热学中黑体辐射理论出现的"紫外灾难"。这两朵乌云都是经典物理没能解释的。然而，就是这两朵小乌云给物理学带来了伟大的新生。第一朵乌云导致了相对论革命，第二朵乌云导致了量子论革命。经典物理大厦轰然倒塌，辉煌灿烂的现代物理大厦拔地而起。

伦琴射线，透视身体，
居里夫人，诺奖两及。

　　伦琴射线，俗称 X 射线，由 19 世纪德国科学家威尔姆·康拉德·伦琴（1845—1923）发现。1895 年 11 月，伦琴在实验室做放电实验，发现放电管放出了一种穿透力极强的新射线，使放在旁边的底片曝光。伦琴给这种未知的射线取名为 X 射线。这年 12 月，伦琴发表了关于 X 射线的论文，这个消息在几天之内就传遍了全世界。X 射线可以穿过人体的软组织，但不容易穿透骨骼。射线穿过没有骨骼的部分会使底片曝光变黑，射线被骨骼阻挡部分则使底片不曝光而留下白影，这就是现在医院用的"X 光片"。1901 年，在中学读书时曾被学校开除的伦琴因发现 X 射线被授予诺贝尔物理学奖。

　　居里夫人，原名玛丽·斯可罗多夫斯卡（1867—1934），波兰著名物理学家、化学家，两次诺贝尔奖获得者。玛丽出生在波兰华沙，因当时波兰的大学不收女生，24 岁时她只身来到巴黎大学学习数学和物理学。后来，她与教师皮埃尔·居里结成夫妻，被称为居里夫人。1895 年，居里夫妇开始共同研究放射性元素。为了提炼出镭，清贫的居里夫妇亲自几万次地熔炼沥青废矿渣，终于在 1902 年得到 0.1 克镭盐，宣告了镭的诞生。居里夫妇由此获得了 1903 年的诺贝尔物理学奖。1906 年，皮埃尔因车祸去世，居里夫人接替了丈夫的职位，成为巴黎大学第一位女教授。1910 年，她与人合作成功制取了金属镭。1911 年，居里夫人被授予诺贝尔化学奖。

zhǎn chì áo xiáng　　kōng qì dòng lì
展 翅 翱 翔 ， 空 气 动 力 ，
zhì zào fēi jī　　lái tè xiōng dì
制 造 飞 机 ， 莱 特 兄 弟 。

【注释】　**翱翔：**展开翅膀来回飞行。
　　　　动力：使机械运动的力。

　　美国的威尔伯·莱特（1867—1912）和奥维尔·莱特（1871—1948）被称为莱特兄弟，他们是人类历史上第一架动力飞机的设计者。

　　莱特兄弟从小就对机械装配和飞行怀有浓厚的兴趣。他们没有接受过高等教育，但虚心好学，阅读了大量空气动力学等方面的书籍和文章，并开始了自己的飞行试验。从1900年到1902年，莱特兄弟先后制造了三架滑翔机，进行了上千次飞行试验。他们不断地修正数据，终于使第三架滑翔机无论在强风还是微风的情况下，都可以安全而平稳地飞行。然而，滑翔机在空中停留的时间毕竟有限。假如可以给飞行器装上动力装置并带上足够的燃料，那么它就可以自由地飞翔、起降了。于是，兄弟俩又开始了动力飞机的研制，不久便设计出了世界上第一架动力飞机——"飞行者1号"。1903年12月17日，飞行者1号在美国进行了第一次试飞。飞机由奥维尔·莱特驾驶，共飞行了36米，留空12秒。这之后，他们又进行了三次试飞。第四次试飞由威尔伯·莱特驾驶，共飞行了260米，留空59秒。在没有任何技术、资金援助的情况下，莱特兄弟完全靠自己的头脑和双手，设计并制造出了世界上第一架动力飞机。1909年11月，莱特兄弟在俄亥俄州代顿镇创立了莱特飞机公司，一架架性能优异的飞机从飞机厂出厂。人们渐渐开始尝试用飞机运送邮件，运载乘客。两次世界大战期间，飞机也成为新的战斗力量。

wú xiàn diàn bō　　mǎ kě ní xǐ
无 线 电 波， 马 可 尼 喜，
fú tè qì chē　　dà zhòng gōng jù
福 特 汽 车， 大 众 工 具。

【注释】 电波：也称电磁波，在空间传播的周期性变化的电磁场。

伽利尔摩·马可尼（1874—1937），意大利物理学家和发明家，无线电技术发明人。马可尼很小的时候就读遍了家里收藏的书籍，培养了广泛的兴趣。13 岁时，他偶然在一本杂志上读到一篇介绍电磁波的文章，文章描述了电磁波的存在，并以光速在空中传播。马可尼由此开始设想用电磁波远距离发送无线信号。他反复试验，于1895 年发明了可以短距离进行无线通信的装置，在英国取得了发明专利权，并于 1897 年成立了无线电报公司。1909 年，马可尼与布劳恩一起获得了诺贝尔物理学奖。

亨利·福特（1863—1947）出生在美国的一个农场主家庭。16 岁到底特律一家工厂做学徒。25 岁时他放弃父亲送给他的土地再次回到底特律，开始研究改进汽车。1899 年，福特成为底特律汽车公司的股东及总工程师，后因业绩不好被解除职务。之后他参与创建凯迪拉克汽车公司，负责改进和加大汽车马力和速度，被商业杂志《无马时代》称为"速度之魔"。1903 年，一个煤商与福特一起成立了福特汽车公司，与凯迪拉克、沃尔兹等汽车公司竞争。1908 年，福特汽车公司设计生产出世界上第一辆适用于普通百姓的汽车——T 型车，使大多数美国人都能拥有汽车，世界汽车工业革命就此拉开了序幕。亨利·福特也因此被尊为"汽车之父"。1999 年，《财富》杂志将亨利·福特评为"二十一世纪商业巨人"。

266

luò kè fēi lè   shí yóu jù zǐ
洛克菲勒，石油巨子，
gāng tiě dà wáng   měi kǎ nèi jī
钢铁大王，美卡内基。

【注释】 巨子：在某些方面有巨大影响和贡献的人物。

约翰·戴·洛克菲勒（1839—1937），美国美孚石油公司（标准石油公司）创办人，美国历史上第一个十亿富翁，被称为石油巨子。洛克菲勒出生在纽约州，家境并不好，中学毕业后就开始打工，1857年与他人合开了一家商行。此时，美国的宾夕法尼亚州已经发现了石油，洛克菲勒看准时机开始投资石油业。1870年1月，洛克菲勒创建了一家资本额为100万美元的新公司，它就是美孚石油公司。到1880年，全美生产出的石油中，有95%都是由美孚石油公司提炼的。1912年，洛克菲勒的财产增值到9亿美元，成为美国首富。57岁时，洛克菲勒领悟到金钱并不能代表一切，于是开始致力于教育、医疗卫生等福利事业，捐助创建芝加哥大学，资助盘尼西林新药的研发，等等。

安德鲁·卡内基（1835—1919）出生在苏格兰，家境非常贫寒，幼年时移民到美国。14岁时在一家电报公司做信差，仔细了解各类公司间的业务往来。1865年，美国南北战争结束，卡内基从战争中使用的军舰受到启发，认为钢铁时代即将到来。1872年，卡内基开始把他的资金集中到钢铁事业中。1881年，他与弟弟汤姆成立了卡内基兄弟公司。到19世纪末，他的钢铁公司已成为世界上最大的钢铁企业。之后，卡内基将赚得的庞大财富用于公益事业，创建了20多个慈善机构，以卡内基命名的图书馆遍布全美国。卡内基身上折射出的企业家精神，对全球产生了深远影响。

rì é xiāo yān　　jiāo huá tǔ dì
日 俄 硝 烟 ， 焦 华 土 地 ，
guā fēn zhōng cháo　　bà qiáng xiāng dì
瓜 分 中 朝 ， 霸 强 相 踶 。

　硝烟：爆炸后形成的烟雾，这里指战火。
　　　焦：受战火破坏。　　蹑：踢。

　　日俄战争（1904—1905）是沙皇俄国与日本为了争夺在中国东北及朝鲜的利益而在中国领土上展开的一场争霸战争。

　　19世纪末，日俄两国为称霸远东对中国东北和朝鲜展开了激烈争夺，双方屡有摩擦。甲午中日战争之后，按照《马关条约》，清朝割让辽东半岛给日本。这引起了沙俄的不满，于是沙俄联合法、德对日本施压。最后，中国以3 000万两白银"赎"回了辽东半岛。此后，沙皇俄国相继获得了修筑从满洲里至海参崴的中东铁路的特权与租借远东不冻港旅顺和大连的权利。日本不甘失败，一直养精蓄锐，企图通过击败俄国来夺取在中国东北的殖民利益。1900年义和团运动之后，八国联军侵华，沙俄趁机占领中国东北全境并染指朝鲜，这引起了英、日、美等国的不满。日本借机联合英国，要求俄国撤出在中国东北的占领军，双方谈判没有结果。1904年2月，日军偷袭了停泊在旅顺港外的沙俄太平洋舰队，并击沉了在朝鲜仁川的俄国军舰，日俄战争正式爆发。

　　战争爆发后，日本要求清政府在东北三省"局外中立"，让出东北地区做战场。软弱的清政府为两国划出了交战区，坐视日俄两国在中国境内为争夺势力范围而厮杀。日、俄强迫中国老百姓为他们运送弹药、服劳役，很多无辜百姓死在他们的炮火之下。这场战争持续了约一年半，最终以日本战胜、沙俄战败而告终。

268

sà lā rè wō　　dà gōng yù xí
萨拉热窝， 大公遇袭，
tóng méng guó jiā　　yī zhàn shè jì
同盟国家， 一战设计。

【注释】 大公：王室中的一种爵衔。
盟：指国与国的联合。

第一次世界大战（1914—1918），是一场主要发生在欧洲但波及全球的世界大战。

"一战"爆发前，国际上主要存在两大军事集团，即德国、奥匈帝国和意大利于 1882 年建立的同盟国和英国、法国、俄国于 1907 年形成的协约国。1914 年 6 月 28 日，奥匈帝国决定在邻近塞尔维亚边境的萨拉热窝举行军事演习，并以塞尔维亚为假想敌，塞尔维亚激进派普林西普开枪暗杀了巡视演习的奥匈帝国王位继承人费迪南大公，奥匈帝国借机发出通牒并对塞尔维亚宣战。接着，德国、俄国、法国、英国因同盟和协约关系纷纷卷入战争。1917 年，俄国工人在列宁领导下发动十月革命，新诞生的苏维埃政府与德国签订了停战条约。同年，一直保持"中立"的美国对德国宣战，协约国力量大增，同盟国相继求和，第一次世界大战以协约国胜利告终。

战后，协约国召开了巴黎和会，签订《凡尔赛和约》，要求德国割地赔款以及限制军备。而协约国把中国山东转让给日本，直接引发了中国的五四运动。"一战"使号称四大帝国的沙皇俄国、德意志帝国、奥匈帝国、奥斯曼土耳其帝国覆灭，英、法、意等强国的势力被削弱，美国一跃成为世界头号经济强国，世界金融中心由伦敦转移到纽约，日本由债务国变成债权国。"一战"涉及 30 多国 15 亿人，约有 6 500 万人参战，1 000 万人失去了生命，是欧洲历史上破坏性最强的战争之一。

269

tài gē ěr zhù　jí tán jiā lì
泰戈尔著，吉檀迦利，
mǎ liè zhǔ dǎo　wú chǎn jiē jí
马列主导，无产阶级。

【注释】 **主导**：领导并推动发展。

　　罗宾德拉纳特·泰戈尔（1861—1941），印度著名诗人、文学家、作家、艺术家、哲学家、社会活动家和民族主义者，第一位获得诺贝尔文学奖的亚洲人。

　　泰戈尔出生在印度加尔各答一个充满智慧与自由精神的家庭，8 岁开始写诗，12 岁写剧本，15 岁发表了第一首散文诗《野花》，17 岁发表叙事诗《诗人的故事》。1878 年赴英国留学，学习法律、英国文学和西方音乐。1880 年回国专事文学创作。1884 年到乡村管理祖传田产。1886 年发表的《新月集》，成为印度大中小学必选的文学教材。其间，他还撰写了许多抨击殖民统治的政论文章。1901 年在圣地尼克坦创办了一所儿童教育实验学校。1910 年出版孟加拉语韵律抒情诗集《吉檀迦利》。1913 年，泰戈尔选编的英译本《吉檀迦利》获诺贝尔文学奖。"吉檀迦利"是献诗的意思，表达奉献给神的生命之歌。这部作品既具有圣徒的虔诚高洁，也有凡人的亲情爱心。泰戈尔与黎巴嫩诗人纪·哈·纪伯伦齐名，并称为"站在东西方文化桥梁的两位巨人"。1924 年，泰戈尔应梁启超邀请访问中国。

　　俄国的列宁接纳马克思共产主义学说，于 1918 年领导俄国无产阶级取得武装革命胜利，建立苏联社会主义公有制国家。之后，一些国家中的马列追随者纷纷组织无产者武装革命，随之建立了苏式社会主义国家。

ài yīn sī tǎn   guāng liàng zǐ lì
爱因斯坦，光量子粒，
xiāng duì lǐ lùn   xiàn dài wù lǐ
相对理论，现代物理。

光量子：普朗克解释能量分布时提出量子假设，爱因斯坦利用量子概念提出光波也是不连续的，具有粒子性，称之为光量子，后被称为光子。

    阿尔伯特·爱因斯坦（1879—1955），是牛顿之后世界上最伟大的物理学家。爱因斯坦出生在德国古城乌耳姆的一个犹太人家庭。1894 年，因为厌恶德国学校的严格管理和墨守成规，爱因斯坦以生病为由从中学退学。1896 年，进入联邦工业大学学习数学和物理学。1905 年，爱因斯坦发表了有关布朗运动、光电效应、狭义相对论的三篇论文。其中有关光电效应的论文获得 1921 年诺贝尔物理学奖。

    爱因斯坦最为卓越的贡献就是提出了狭义相对论和广义相对论。狭义相对论的两个基本原理是光速不变原理和狭义相对性原理。狭义相对论的一个重要结论是质能关系式，即 $E = mc^2$（其中，E 为能量，m 为质量，c 为光速），这个关系式帮助科学家找到了原子能计算方法。广义相对论认为引力不是一种力，而是空间、时间弯曲的一种现象。可以设想时空是一块撑开的有纵横纹理的平整的布面，把星球看作一个大铁球，如铁球放在布上就造成布（时空）的凹陷，这个凹陷就如同一个碗一样，如果有别的小星球以一定速度运动到凹陷处，就会沿着碗壁绕大铁球运动，好像被大铁球吸引住一样。而原来平直的布纹在凹陷处弯曲，布纹可以看作是光线，光线在大球处出现了随时空凹陷而弯曲绕行现象。所以，在广义相对论中光线也是可以弯曲的。

    2009 年，爱因斯坦与马丁·路德·金、德兰修女一起被诺贝尔基金会评选为诺贝尔奖百余年历史上最受尊崇的 3 位获奖者。

pán ní xī lín　　xì jūn tiān dí
盘尼西林，细菌天敌，
yīng fú lái míng　　shí yàn ǒu yù
英弗莱明，实验偶遇。

【注释】 天敌：此处指天然的克星。

盘尼西林的中文名称是青霉素，由英国细菌学家亚历山大·弗莱明（1881—1955）发现。

亚历山大·弗莱明是苏格兰低地农民的后裔，家境贫寒，7 岁丧父，后入帕丁顿的圣玛丽医学院学习。第一次世界大战期间，他参加了皇家军医部队，1919 年回到圣玛丽医学院研究抗菌物质。1928 年，度假回来的弗莱明来到了实验室，发现自己培养的导致人类伤口感染化脓的葡萄球菌被自己弄脏了，在盛装葡萄球菌的培养器皿中长出了一团青色霉菌花。正当弗莱明懊悔地拿起被污染的培养皿准备倒掉时，他惊奇地发现在青色霉菌的周围有一小圈空白的区域，空白处的葡萄球菌消失了。弗莱明马上想到会不会是这种青色霉菌杀死了葡萄球菌？他立即把青霉菌放进培养器中培养，验证了这种青色霉菌能很快杀死各种细菌，并将其命名为盘尼西林。为此，弗莱明和后期研制提炼青霉素的弗洛里、钱恩三人共同获得了 1945 年诺贝尔生理学及医学奖。弗莱明也在全世界赢得了 20 多个名誉学位和 15 个城市的荣誉市民称号以及 100 多项荣誉。

盘尼西林的发现是抗菌素研究历史上的一个里程碑，引发了医学界寻找抗菌素新药的高潮，人类进入了合成新药的时代。青霉素在"二战"期间拯救了无数伤员的生命，因此与原子弹、雷达成为"二战"期间的三大发明。

272

yuán zǐ jié gòu　　lú sè fú xī
原子结构，卢瑟福析，
hé néng kāi fā　　fú yuán shàn qǔ
核能开发，福源善取。

英国科学家卢瑟福（1871—1937）在 1909 年做了个著名的 α 粒子（正电粒子流）散射实验，即让一束平行的 α 粒子穿过极薄的金箔，他发现穿过金箔的 α 粒子有一部分改变原来的直线运动发生偏转，说明受到排斥力。还有少数 α 粒子（大约一万个中有一个），好像直接碰撞到不能穿透的东西被弹回。卢瑟福设想原子中带正电的物质是集中在一个很小的核心上，原子质量大部分也集中在这个小核上，这样当 α 粒子正对原子核射来时就会被反弹回去。据此，1911 年，卢瑟福提出原子内部存在着一个质量大、体积小、带正电荷的原子核，带负电的电子在原子核外绕核运动的原子模型，推翻了他的老师汤姆逊提出的原子内部是个均匀球体的理论，获得 1908 年诺贝尔化学奖。之后，在卢瑟福指导下有 10 多位学生和助手获得了诺贝尔奖。

原子核由质子和中子构成，在一定条件下能释放出惊人的能量。1938 年，德国化学家哈恩和物理学家斯特拉斯曼用中子轰击铀 235，铀核发生了分裂，女科学家迈特纳成功解释了核裂变现象。铀核发生裂变后，会同时放出 2~3 个中子和大量的能量，释放出的中子又能轰击别的原子核，从而持续发生核裂变，这个过程叫做链式反应。链式反应释放出巨大的能量，据此原理，美国制造出第一颗原子弹，目前世界上的核武器总能量可把全体人类毁灭几次。但利用核能又是解决人类未来能源短缺的途径之一，因此如何使用核能是人类要深思的课题。

wǒ de fèn dòu　　zhǒng zú chóu lí
我 的 奋 斗 ， 种 族 仇 离 ，
dé yì rì guó　　èr zhàn tiǎo qǐ
德 意 日 国 ， 二 战 挑 起 。

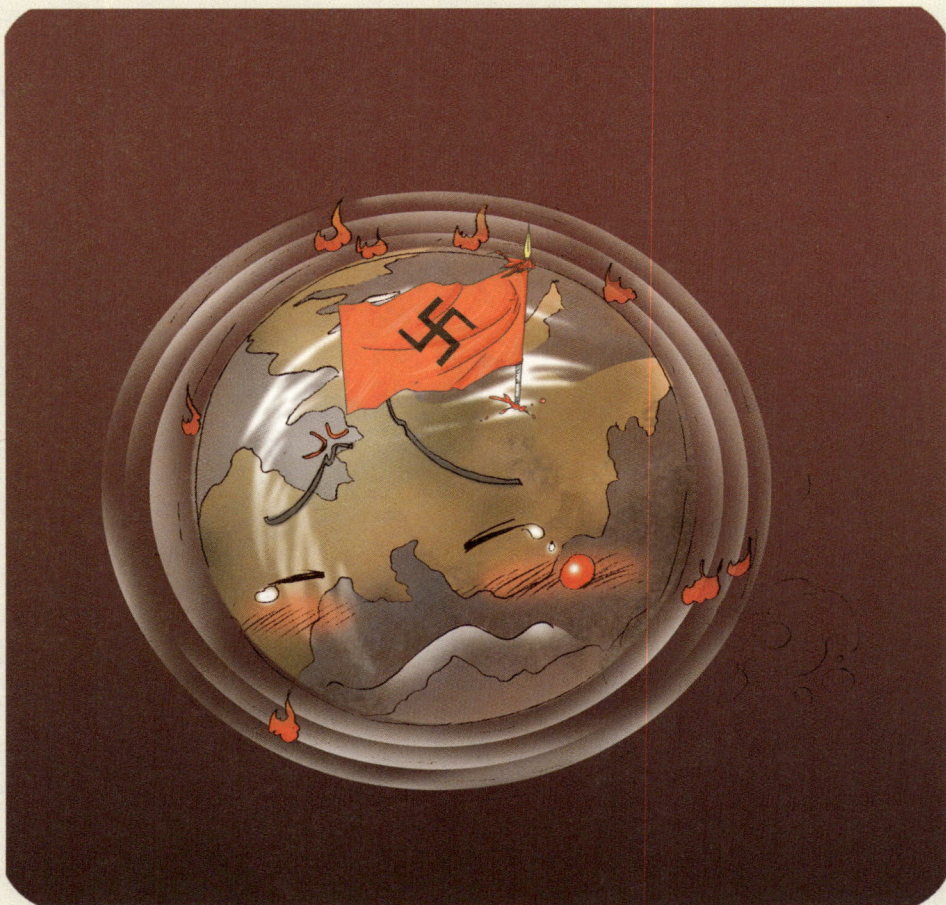

【注释】 仇离：因憎恨而分离。

  阿道夫·希特勒（1889—1945），1934年至1945年期间任德国元首，"二战"的主要发起者。希特勒出生在德国边界城市布劳瑙。17岁时，他只身到维也纳报考美术学院未被录取。1908年至1913年间，他在维也纳靠打零工和绘画维持生计，并对政治产生浓厚的兴趣。1914年夏天，第一次世界大战爆发，希特勒参加了德国步兵，因作战勇敢获得勋章。1918年，希特勒遭毒气攻击而短暂失明，之后德国宣布投降。1919年，希特勒在德国工人党主席的邀请下加入该党，此时该党仅有55名党员。3年后，希特勒出任该党党魁，并正式将党名更名为"民族社会主义德国工人党"，简称"纳粹党"。到1923年，纳粹党已拥有2.7万名党员，影响力与日俱增。同年，希特勒因策划慕尼黑啤酒馆政变失败而被捕入狱。在狱中，他口述了《我的奋斗》一书，系统地阐述了"创建第三帝国和征服欧洲"的理想，鼓吹撕毁《凡尔赛和约》的复仇主义，这些观点成为德国法西斯的思想基础。

  1932年7月，德国国会选举，纳粹党获得了37.3%的选票，成为国会中最大的党派。1933年1月希特勒出任德国总理。1934年8月总统兴登堡病逝，希特勒独揽总统、总理大权，担任德国元首。之后与意大利、日本共同走上了法西斯主义道路，挑起第二次世界大战。"二战"参战国多达61个，战争涉及的人口达17亿，武装力量总人数超过1.1亿，伤亡总人数多达9000万，其中中国伤亡人数高达3500万，约有600万犹太平民被纳粹杀害。

274

měi guó xuě chǐ　guǎng qí dàng yí
美 国 雪 耻 ，　广 崎 荡 夷 ，
qū yǔ fāng jí　hé sài jìng jí
区 宇 方 辑 ，　核 赛 竞 疾 。

【注释】

雪耻：消除耻辱。　荡夷：清除，夷平。　区宇：天下。
方：刚刚。　辑：平安。　疾：快。

　　1945 年 5 月，纳粹德国无条件投降，欧洲战场宣告战争结束，
但日本仍未投降。七八月间，同盟国在德国柏林的波茨坦举行首脑
会议，通过了一项对日本的决议，史称《波茨坦公告》，旨在敦促
日本政府立即无条件投降，否则，盟军将全面攻占日本本土。但日
本政府拒绝了这一最后通牒，并在全国进行总动员，集结了 240 万
兵力和 8 000 余架飞机，准备在本土决战。如果同盟国以军队抢占
日本本土，则损失难以估量。于是美国决定向日本投放原子弹。
　　1945 年 8 月 6 日和 9 日，美国分别向日本的广岛、长崎投下原
子弹，使 14 万人瞬间丧生，两座城市顷刻被夷为平地。15 日，日
本天皇裕仁宣布无条件投降。1945 年 9 月 2 日，美国麦克阿瑟将军
代表盟军接受了日本的投降。9 月 9 日，日本向中华民国政府呈交
投降书。至此，第二次世界大战彻底结束，世界反法西斯战争取得
最终的胜利。
　　由于各国看到了原子弹的威力，战争结束后，以美、苏为首展
开了激烈的核竞赛，推进了核武器的研制进程。核武器因其威力巨
大，在一定程度上使各国对战争的态度更加谨慎，但也给世界和平
带来了巨大隐患。

chàng fēi bào lì　　shèng xióng gān dì
倡非暴力，圣雄甘地，
cí bēi tiān shǐ　　dé lán xiū nǚ
慈悲天使，德兰修女。

【注释】
暴力：武力，强制的力量。
圣雄：品格高尚、富有智慧、无私无畏而受人尊敬的人。

    莫罕达斯·卡拉姆昌德·甘地（1869—1948）出生在一个印度教家庭，父亲是当地土邦首相。甘地19岁时远赴英国学习法律。1893年，甘地来到英国统治下的南非，领导南非印度人争取权利。他把印度教的仁爱、素食、不杀生的主张，同《圣经》、《古兰经》中的仁爱思想相结合，并吸收了梭伦、托尔斯泰等人的思想精髓，逐渐形成了非暴力不合作理论。1915年，甘地回到印度，很快成为国大党的实际领袖，使"非暴力不合作"成为国大党的指导思想，开始为印度的独立而奔波。"二战"后，印度分裂为印度与巴基斯坦两个国家。面对两国的冲突，对双方都有重要影响的甘地多次以绝食来感化他们，呼吁团结。为此，1948年1月30日，甘地遭到印度教顽固教徒刺杀。甘地的精神感动和鼓舞了如马丁·路德·金恩（即马丁·路德·金）等民主运动人士以非暴力的方式争取民主与和平。甘地被尊称为印度的国父和圣雄。

    特丽莎修女（1910—1997），又称德兰修女，出生在阿尔巴尼亚的一个天主教家庭。1950年，已是印度加尔各答修会学校校长的特丽莎走出学校，带领12位修女，成立了仁爱传教修女会（又称博济会），以"穷人也应有尊严"的信念，微笑着为穷人服务。1997年，特丽莎去世，留下了深受其影响的7 000多名修女和修士，超过10万的义工，以及在127个国家开设的600多座慈善分部。特丽莎的大爱精神感动了世界，她获得过诺贝尔和平奖，先后被剑桥大学等多所世界名牌大学授予名誉博士，被誉为"印度之星"、"慈悲天使"、"善良和光明的化身"。

276

hé píng hé zuò　　píng děng zhǐ yì
和平合作，平等旨意，
tǒng yī xíng dòng　　lián hé guó jì
统一行动，联合国际。

联合国（United Nations）是 1945 年"二战"结束时成立的国际性组织，宗旨是维护世界和平与安全，在平等的基础上发展国与国之间的友好关系，鼓励通过国际合作解决矛盾。联合国现有成员国 190 多个，总部在美国纽约市，设有联合国大会、联合国安全理事会、联合国经济及社会理事会、联合国托管理事会、国际法院和联合国秘书处 6 个主要机构，官方语言有阿拉伯语、汉语、英语、法语、俄语、西班牙语。

1942 年，正在对德国、意大利、日本作战的中国、美国、英国、苏联等 26 国发表了《联合国家宣言》，第一次正式采用"联合国家"即"联合国"这个称呼。1945 年 4 月 25 日，50 个国家的代表在美国旧金山召开"联合国国际组织会议"，并于 6 月 26 日签署了《联合国宪章》。同年 10 月 24 日，宪章开始生效，这天被称为"联合国日"。中国是联合国的创始会员国之一，并与法国、苏联（后被俄罗斯继承）、英国、美国并列为 5 个安理会常任理事国。中华人民共和国成立后，中国在联合国的席位被除名，直到 1971 年才得以恢复安理会常任理事国的席位。

联合国自成立以来，化解了许多地区冲突，并日益关注防止大规模杀伤性武器扩散、核裁军以及国际社会面临的非传统安全威胁，为世界和平作出了重大贡献。此外，联合国还将目标扩展到消灭极端贫穷和饥饿、维护妇女权利、防治艾滋病、确保环境的可持续发展等方面。

DNA 里，<ruby>遗<rt>yí</rt></ruby> <ruby>传<rt>chuán</rt></ruby> <ruby>信<rt>xìn</rt></ruby> <ruby>息<rt>xī</rt></ruby>，
<ruby>电<rt>diàn</rt></ruby> <ruby>脑<rt>nǎo</rt></ruby> <ruby>革<rt>gé</rt></ruby> <ruby>命<rt>mìng</rt></ruby>，<ruby>全<rt>quán</rt></ruby> <ruby>球<rt>qiú</rt></ruby> <ruby>风<rt>fēng</rt></ruby> <ruby>靡<rt>mǐ</rt></ruby>。

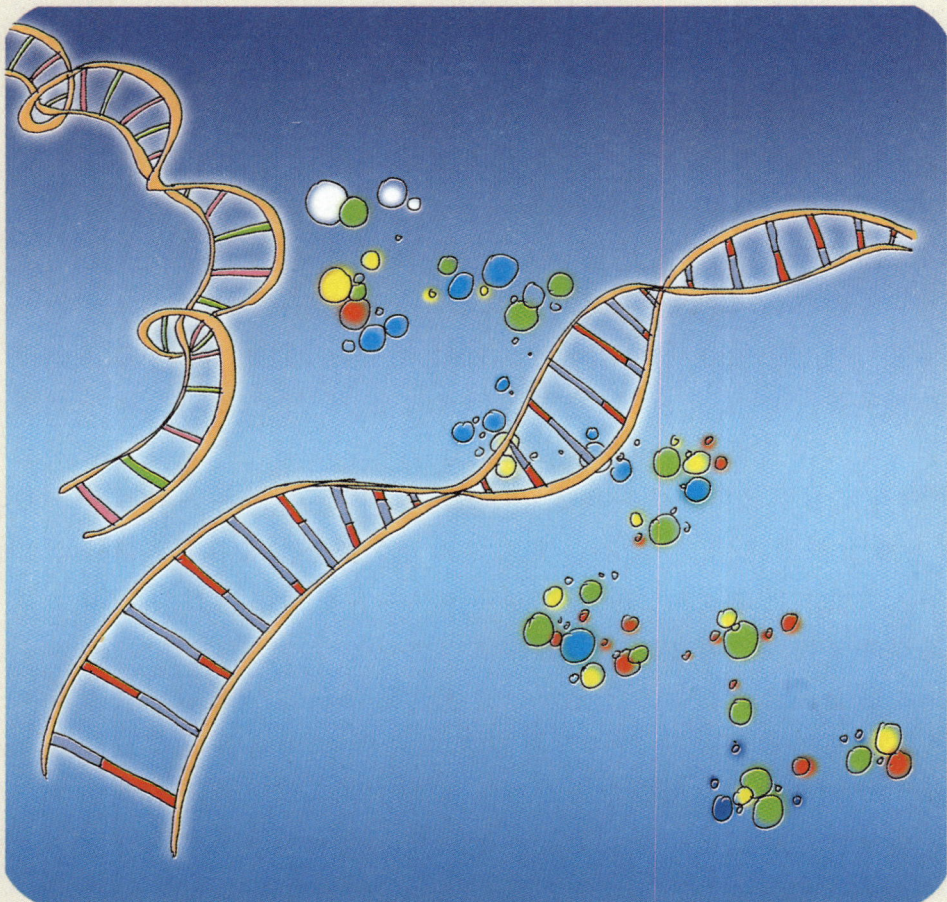

遗传：指经由基因的传递，使后代获得亲代的特征。

　　构成生物体的最基本单元是细胞，细胞中间是细胞核，存在于细胞核内的由许多核苷酸组成的大分子是核酸。核苷酸是由碱基、核糖和磷酸构成的。其中碱基有四种，核糖有核糖和脱氧核糖两种，因此核酸被分为核糖核酸（RNA）和脱氧核糖核酸（DNA）。因细胞中主要遗传物质的载体可以被碱性染料着色，故称其为染色体。DNA是染色体的主要化学成分，同时也是组成基因的材料，也被称为"遗传微粒"。在繁殖过程中，父体把自己的一部分DNA复制传递给子体，使子体与父体呈现出相近或相同的性状。

　　1953年，美国的沃森和英国的克里克共同发现DNA双螺旋结构的分子模型是由两条核苷酸链组成，它们沿着中心轴以相反方向相互缠绕在一起，很像一座螺旋形的绳梯。这一成果被誉为20世纪生物学最伟大的发现，标志着分子生物学的诞生。在此基础上相继产生了基因工程、酶工程、发酵工程、蛋白质工程等生物技术工程。

　　1946年，世界上第一台电子数字计算机（ENIAC）在美国诞生。后来的电子计算机又经历了晶体管、集成电路（IC）和超大规模集成电路（VLSI）三个阶段。其中，第四代计算机应用了微处理器，实现了计算机全球化和计算机网络化，使人类进入信息化时代。目前计算机正朝着第五代（智能化）方向发展。未来，还可能会出现光计算机、超导计算机、生物计算机等等。

278

六九年夏，月宫人揖，
涉外空间，第一站地。

【注释】 涉：这里指牵连、关联。

　　月球是离地球最近的一个天体，距离地球 38.4 万千米。明亮的月亮引起人类无限的好奇与遐想，登上月球更是人类几千年的梦想。20 世纪 50 年代，人类开始了对月球的近距离探测研究。1957年，苏联发射了世界上第一颗人造地球卫星。1961 年 4 月 12 日，苏联宇航员加加林乘坐"东方 1 号"宇宙飞船进入太空，成为人类进入太空第一人。1969 年 7 月 16 日，美国宇航员阿姆斯特朗成为"阿波罗—11 号"指挥官，与宇航员柯林斯、艾德林一起进行登月飞行。7 月 20 日到达月球上空，阿姆斯特朗和艾德林乘月球着陆器在月球宁静海着陆，阿姆斯特朗第一个在月球表面印上了人类的足迹。他们停留了两个半小时，进行科学实验、采集岩石和土壤样品，留下了科学设备和纪念徽章，插上了美国国旗。7 月 21 日，飞船离开月球，7 月 24 日返回地球。这是人类第一次与月球亲密接触，不仅使人类探索月球的梦想得以实现，而且对月球的起源，地球的早年生活，甚至整个太阳系都有了全新的认识。

　　"That is one small step for a man , one giant leap for mankind"（"登上月球，对一个人来说是一小步，对整个人类来说是一大步"），阿姆斯特朗的这句名言成了全人类的伟大宣言。

279

苏联解体，冷战消匿，
两极世界，存此失彼。

【注释】
冷战：相互遏制，却又不诉诸武力。
匿：隐藏起来。

　　苏联是苏维埃社会主义共和国联盟的简称，共包括 15 个加盟共和国，成立于 1922 年，是列宁领导的十月革命的直接成果，是全球社会主义国家的典范。列宁于 1924 年逝世后，斯大林成为新一代领导人。他领导苏联进行了大规模的农业集体化和快速工业化，使苏联在短短十多年的时间里迅速发展为欧洲第一、世界第二的强国，代表社会主义国家与代表资本主义国家的美国抗衡。可是，斯大林所施行的高度集权的管理模式也渐渐显露出一系列弊端。

　　20 世纪 80 年代中期，戈尔巴乔夫开始担任苏联最高领导人（总书记）。他提出了"改革与新思维"的口号，力图摆脱斯大林模式的弊端，引起人们思想的巨大波动。同时，东欧社会主义国家的政治动荡也波及苏联。1991 年 12 月 25 日，苏联总统戈尔巴乔夫宣布辞职，将国家权力移交给俄罗斯总统叶利钦。第二天，苏联最高苏维埃通过最后一项决议，宣布苏联停止存在。从此，苏联正式解体。

　　苏联的解体使"二战"后存在了 40 多年的苏、美两极平衡格局被打破，美国成为世界上唯一的超级大国。同时，苏联的解体也是国际共产主义运动的一次重大挫折，为走共产主义道路的国家提供了深刻教训。

lián suǒ jīng yíng　　mài kěn lín bǐ
连 锁 经 营 ， 麦 肯 邻 比 ，

měi xī ěr dùn　　jiǔ diàn lín lì
美 希 尔 顿 ， 酒 店 林 立 。

【注释】连锁经营：指使用同一商号、出售同类商品及运用同样方法运作管理的商业模式。

在世界餐饮行业中，麦当劳（McDonald's Corporation）和肯德基（Kentucky Fried Chicken，简称KFC）是标杆企业。一个是世界第一的快餐巨头，有超过31 000家快餐厅，分布在全球121个国家和地区；另一个是全球第二的餐饮帝国，有10 000多家连锁店。它们都经营相同或相近的西式快餐食品，客户群相同，同样实施连锁经营，都获得了巨大成功。其成功在于管理的规范化、质量的标准化。麦当劳餐厅倡导吃的是美国味道，在很多国家，麦当劳代表着一种美国式的生活方式，麦当劳其实是在卖环境和体验。肯德基的特色是在不同国家的饮食文化上稍微改变一下，改成西餐模式，口味独特，让客户容易接受。

康拉德·希尔顿（1887—1979）出生在美国新墨西哥州的一个小镇。"一战"爆发后，希尔顿应征入伍。1919年，希尔顿退伍回家，用自己仅有的积蓄在得克萨斯州买下一家小型酒店，并将其改造成经济型酒店而获得了成功。1925年，希尔顿建成了以他的名字命名的"达拉斯希尔顿大酒店"。到1928年圣诞节，希尔顿在六个城市相继建起了希尔顿酒店。1929年，美国经济陷入大萧条，到1932年底，希尔顿几乎失去了一切，他不得不借了5 000美元东山再起。1936年，他的酒店又恢复到了8家。之后，在不到一百年的时间里，希尔顿酒店扩展到了100多家，遍布世界五大洲的各大城市。希尔顿酒店不止一次入围"全球最佳连锁店"。

281

wò ěr dùn chuàng　　líng shòu míng qǐ
沃尔顿创，零售名企，
zhōng zǐ jié kè　　gǎi gé
中子杰克，改革ＧＥ。

【注释】 中子：指中子弹，一种威力巨大的核武器。

　　山姆·沃尔顿（1918—1992），沃尔玛公司创始人，1940年获经济学学士学位。"二战"后，退役的沃尔顿在家乡小镇开了一个商品售价在5～10美分之间的小店，到1960年他已有10多家小商店。1962年，沃尔顿开始尝试连锁经营，在阿肯色州的本顿维尔开了一家连锁零售店，取名为"沃尔玛"。为赢得小镇顾客的光顾，沃尔顿打出"天天平价"的广告，至1969年其连锁店增至18家。1969年10月，沃尔玛百货有限公司成立，开始进军大城市，并坚持低价策略和"请对顾客露出你的八颗牙齿"的服务理念，使销售收入高速增长。1990年，沃尔玛成为美国最大的零售商，曾连续三年在美国《财富》杂志全球500强企业中居榜首。

　　GE即美国通用电气公司，它的前身是爱迪生创建的通用电气公司，是世界上著名的百年特大型企业。1981年，杰克·韦尔奇出任GE的首席执行官（CEO）时，这家已经有117年历史的公司机构臃肿，市场反应迟钝，正在走下坡路。杰克坚信GE不能保证每个人都终身就业，却能给予每个人就业的能力，于是大刀阔斧地进行改革，长期实行末位淘汰制，使GE在全美上市公司排名从第十位跃至第一位。全球《财富》500强企业中有超过1/3的企业的CEO是从GE走出的。杰克也获得了"中子弹"的绰号，被誉为"最受尊敬的CEO"、"美国当代最成功、最伟大的企业家"。

282

bǐ ěr gài cí　　wēi ruǎn qí jì
比 尔 盖 茨 ， 微 软 奇 迹 ，

xìn xī jì shù　　xīn xíng jīng jì
信 息 技 术 ， 新 型 经 济 。

【注释】 信息技术：有关信息的产生、存储、传递、显示、
控制等方面的技术。

比尔·盖茨（Bill Gates，1955 年 10 月 28 日出生），世界著名企业家、软件工程师、慈善家。

比尔·盖茨出生在美国的西雅图，父亲是律师，母亲是教师。盖茨小时候就对电脑产生了兴趣。1974 年，世界上第一台个人电脑诞生，哈佛大学三年级的盖茨从《流行电子杂志》上看到这台电脑的图片后，立刻感悟到个人电脑的发展前景，想到开发个人电脑系统软件将是一个巨大的商机。于是，盖茨果断地从哈佛退学，在 1975 年和保罗·艾伦一起创办了微软公司，其主要产品是 Windows 操作系统和 Microsoft Office 办公软件系统。盖茨推动了个人计算机走进普通家庭，改变了每一个现代人工作、生活乃至交往的方式，推动了信息技术和知识产业的迅猛发展。同时，这种依托于信息技术和知识产业形成的新型经济也为盖茨带来巨大财富，并对全球产生了深远影响。从 1994 年开始，盖茨多次被著名金融杂志《福布斯》评为全球首富，到 2010 年其个人资产已达 530 亿美元。面对着巨大的个人财富，比尔·盖茨于 2000 年创办了以他和妻子的名字命名的"比尔和梅林达基金会"，并宣布将把自己 98% 的资产捐赠给它。这个基金会在为贫穷国家提供援助、艾滋病防治等方面作出了重大贡献。2007 年 6 月，哈佛大学颁授盖茨荣誉法律博士学位。

283

guó jiā zǔ méng　　huǒ bàn guān xì
国家组盟，伙伴关系，

móu qiú fā zhǎn　　qiú tóng cún yì
谋求发展，求同存异。

【注释】 求同存异：找出共同点，保留不同意见。

　　国际组织亦称国际团体或国际机构，是三个或三个以上国家（或其他国际法主体）为实现共同的政治经济目的，依据其缔结的条约或其他文件建立的常设性机构。随着信息技术的迅猛发展和全球化的推进，国际联盟和组织快速扩张，不仅在数量上数以万计，而且覆盖广泛，包括地区政治、经济、社会、文化、体育、卫生、教育、环境、安全、贫穷、人口、妇女儿童等众多与人类生存和发展相关的领域，已成为左右世界局势和人类社会发展的重要力量。国际组织可分为：全球综合性组织、全球专门性组织、区域综合性组织、区域专门性组织、非区域专门性组织（功能组织）。

　　国际联盟或组织是为了适应国家之间的交往日益频繁、领域和地区不断扩大的现状，在求大同存小异、互惠互利的原则上产生和发展起来的。如欧洲联盟（European Union），简称欧盟（EU），是一个超国家的组织，既有国际组织属性，又有联邦的特征。其宗旨是"促进成员国经济和社会的均衡发展，通过实行共同外交和安全政策，在国际舞台上弘扬联盟的个性"。欧盟在经济上强化了内部各国之间的经济关系，增强了对外竞争力；在政治上增强了欧盟各国在世界的影响力，促进了世界多极化趋势的形成与发展。至2009年底，欧盟共有27个正式成员国、两个候选国，总部设在比利时首都布鲁塞尔。法国、德国、意大利、荷兰、比利时、卢森堡为创始成员国。

284

hǎi wān zhàn zhēng　　líng kōng dǎ jī
海湾战争，凌空打击，
kǒng bù huó dòng　　niǔ yuē zhuàng jī
恐怖活动，纽约撞机。

【注释】 恐怖：令人恐惧的手段或气氛。

　　海湾，是波斯湾的简称，位于西亚中部。1990 年 8 月 2 日，伊拉克因在石油、边界等诸多问题上与科威特存在争端，突然入侵占领科威特。1991 年 1 月 16 日，由于伊拉克没能在联合国安理会限定撤军期限内撤军，联合国部队实施了名为"沙漠风暴"和"沙漠军刀"的旨在打击伊拉克的现代化战争。多国部队首先对伊拉克境内的各种通信信号实施了全面电子干扰，使伊军雷达失灵。之后进行了 42 天的凌空打击和 100 小时左右的陆战，以非常小的代价重创了伊拉克军队。2 月 28 日，战争宣告结束。这场战争充分显示了信息时代空地一体化战争雏形，改变了人们传统的战争观念。

　　2001 年 9 月 11 日对美国和世界来说是充满恐怖和悲惨的一天。在这一天，四架民航客机被恐怖分子劫持，先后撞击了美国纽约世界贸易中心和华盛顿五角大楼，这就是震惊世界的"9·11"事件。包括美国纽约地标性建筑、两座直冲云霄的世界贸易中心双子塔在内的 6 座建筑被完全摧毁，另外有 23 座高层建筑也遭到破坏，来自80 多个国家的 2 998 名无辜平民丧生，金融人才损失难以用数字估量，目睹袭击的人们的精神受到严重刺激。这次恐怖性攻击一度使美国经济陷入接近瘫痪的状态，波及欧洲、亚洲等世界金融市场。

　　事件发生后，美国政府快速做出反应，对进行恐怖活动的本·拉登组织和阿富汗塔利班政权进行军事打击。但对人类长期和平发展而言，恐怖活动将是一个严重的问题。

285

jīn ēn bó shì　　mèng xiǎng jì yù
金 恩 博 士 ， 梦 想 寄 寓 ，
měi guó zǒng tǒng　　mín xuǎn fēi yì
美 国 总 统 ， 民 选 非 裔 。

196

【注释】
寄寓：寄托思想感情。
裔：后代子孙。

    马丁·路德·金恩（1929—1968），1948 年获社会学学士学位，1951 年获神学院学士学位，1954 年成为教堂的牧师，开始参加美国有色人种协进会的活动，1955 年获波士顿大学神学博士学位。1955 年 12 月 5 日，金恩领导蒙哥马利城的黑人罢乘运动，使蒙哥马利市公车上的种族隔离规定被废除。因受甘地和基督教教义影响，1957 年金恩和其他的南部黑人领袖举行了南方基督教领袖会议，发表全国演说，倡导以非暴力的方式来改善黑人民权。他进见肯尼迪总统，要求通过新的民权法给黑人以平等权利。1963 年 8 月 28 日，金恩为给黑人争取工作机会和自由权，在林肯纪念馆前发表了名为"我有一个梦想"的著名演讲，促进了 1964 年民权法案的诞生。同年，金恩获得诺贝尔和平奖。1968 年 4 月 4 日，金恩在田纳西州支持清洁工的罢工行动时被刺杀身亡。1986 年，美国政府将每年 1 月的第三个星期一定为马丁·路德·金恩全国纪念日。

    2008 年 11 月 5 日，美国诞生了第一位拥有非洲黑人血统的民选总统——奥巴马（Obama）。1961 年 8 月 4 日，奥巴马出生在檀香山，远离父爱和母爱。1983 年他从大学毕业，1985 年到芝加哥贫困社区工作。两年多的贫困社区服务经历开启了奥巴马决心从政的梦想。1991 年，在获得哈佛大学法学博士学位后，奥巴马放弃华盛顿政府律师顾问职位，返回芝加哥成为一名为贫困居民服务的律师，并在芝加哥大学法学院教授宪法，一直到 2005 年。1997 年奥巴马进入政坛，2008 年参加美国总统大选，以绝对优势当选第 56 届第 44 任美国总统。马丁·路德·金恩的梦想在奥巴马身上得以实现。

286

乱世雄叠，盛平枭稀，

luàn shì xióng dié shèng píng xiāo xī

人类旅途，欢歌悲泣。

rén lèi lǚ tú huān gē bēi qì

【注释】 枭：一种凶猛的鸟，强悍，凶猛。

人类从远古蹒跚走来，磕磕绊绊地成了人。在与自然灾害抗争中，在躲避其他动物侵袭中，在猎取食物求温饱中，人类锻炼了手臂和大脑，逐步发展成智人。然而，造物主似乎正在对人类的心智进行一种试验，它赐予了人类智慧，却又给人类安上一颗贪婪之心，使人类成为唯一追求过剩的物种。有的人当了国王，还想有更大的国土；有了更大的国土，还想称霸全球。人类的掠夺与战争，不断地制造出地球上动物群落中最大的杀戮场面。从赤手空拳到短刃相接，从长矛大炮到核武荡夷，本应是以智慧之眼洞悉生命意义的人类却成为最冷酷的生命蔑视者。因此，人类自身和平安稳的日子并不多，歌声少悲泣多。我们赞美英雄，而英雄背后往往是乱世残垣；我们追求财富，而往往财富的积累是靠掠夺他人的幸福，或是靠破坏孕育包括人类在内的生命的源地。今天，也许人类对刚刚过去的两次世界大战的伤痛有所顾忌，但略显平静的人类社会中，核弹威胁、恐怖活动、艾滋病毒、吸食毒品、食品安全问题、环境污染等看不见的硝烟同样在摧残、威胁着人类自己的生命。人类需要和平，需要善待生灵、善待自己，需要和煦阳光下风平浪静的海岸，需要徐徐微风中的绿草萋萋，需要不同肤色的人的欢歌笑语，需要安静地生存在一个和谐的地球大家庭里。

后　记

　　我们处于一个变化的时代，不仅是身处一个变革的社会环境之中，同时，也与全世界共同迎接信息化、全球化时代的来临。文化融合、信息共享、科技合作和价值碰撞已是这个时代的明显特征。但是，从这样的大融合、大变化的背景下来审视我们的基础教育，却发现鲜有改变，尤其是基础教育学科独立的课程体系和教育测评内容等变化很小。正是在这种变与不变的思考中，我开始形成将古典启蒙教育与当代教育相结合，创新实践基础通识教育的想法，并构思这套《汉语·四字经》读本作为教材。其一，希望通过基础通识读本给小读者们提供一个融会贯通的知识结构，使他们未来更好地理解、迎合这个大融合的时代，从根本上为培育他们精英思想铺路；其二，希望通过构筑一个可以透视世界文化和人类普世价值的平台，从而让中华传统文化走向世界，而稳固这个平台的支柱必是中华文史、世界文史和科学人文。

　　《汉语·四字经》系列读本是在原《英才通识·四字经》系列读本基础上进行修编再版的，修正了原书局部错误，使读本内容更加精确。本书即将付梓，我仍没有丝毫轻松的感觉，此书旨在探索中国基础教育变革，实现基础人文会通教育，出版并非达到目标。倒是追求不受体制约束，可以自我发展教育思想的"自由"志趣，以及身处一个年轻、充满朝气、积极奋进的团队中，才使我静下心来，始终保持一种向上的心态，在目前功利教育的大环境里做最根本的教育研究和实践。

　　在此，要对圣桥教育集团的同仁们表示感谢，是你们对教育、对圣桥的高度认可，对教学、管理、研发等工作高度负责，积极协作，才允许我有时间坐下来思考教育的本质和此书的写作！感谢圣桥教育研究院汉语项目组在文稿校核中付出的劳动！感谢集团纪颖校长对《汉语·四字经》文稿写作的建议，以及对基础通识教育在全国范围实践的开拓支持！

《汉语·四字经》得以再版，更要感谢暨南大学出版社李战副社长对本书的高度认可和提出的宝贵建议，感谢责任编辑曹军在此书的出版发行中所做的专业细致的工作，以及其他为此书付出劳动的出版社专家朋友们！

真诚感谢北师大徐勇（徐梓）教授、清华大学方红卫教授、人民大学宋洪兵教授对本书给予的高度评价！

此书，限于本人教育思想，希望得到来自社会各界人士的批评！

里　京
2014 年 10 月 18 日